AF478845

Out there hiding everywhere

Sculpture and drawings by Graham Foster

KERBER

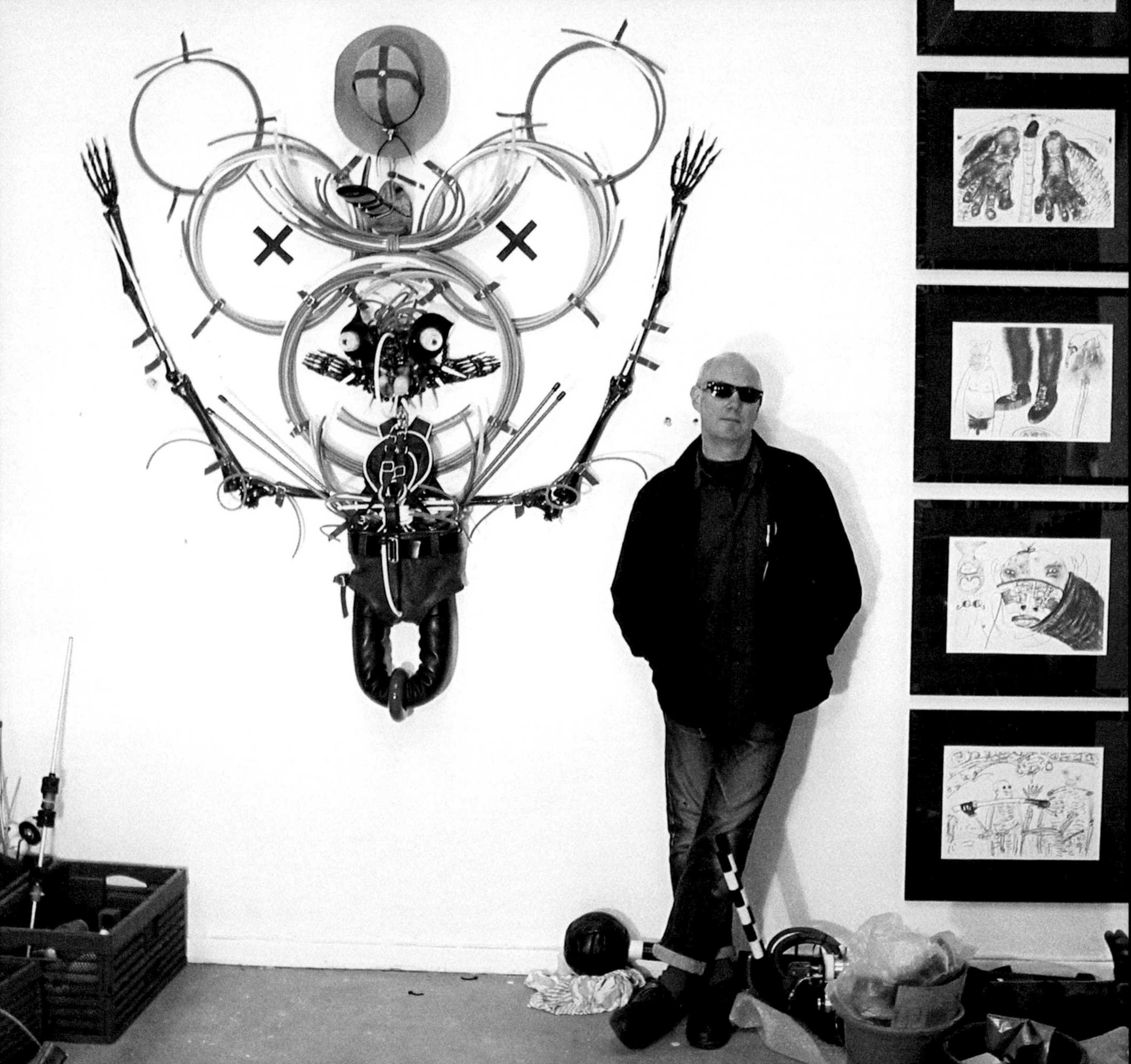

Contents

A big soup of things

Rick Vercauteren

' There's this big soup of things to choose from. A creative spark can be triggered by anything - fragments of a weather balloon that I come across, silly studioprops from the first Batman movie, navy stuff, yew, self-made leather boots. I orchestrate my sculptures very carefully. I do not feed on historical info, I'm always running on vibrations. It's a story of association and transformation. A lot of times I end up with things I don't know about. After letting things happen in the atelier you suddenly realize that the arranged parts of your work contain a new meaning, or that you've made up a quirky piece that hasn't been around before. Anyway, my funny little world is full of contradictions.'

Graham Foster [1]

Foreword

In the spring of 2005 Michael Kiernan, the American visual artist who lives and works near the German city of Bonn, enjoyed his first exposition in the Netherlands. At the opening of Kiernan's exhibition *Run Rabbit Run* at Venlo Dr Wibke von Bonin, the German art historian, spoke to Museum van Bommel van Dam's staff of another talented artist based in Germany, the English artist Graham Foster, who lives and works in Cologne.

In the autumn of 2005, after months of close communicating through the internet, Venlo based curators Ulco Mes and Rick Vercauteren, on their way to the always stimulating international art fair Art Cologne, set foot for the first time in the municipal Atelierhaus V6, where on one of its top floors Graham Foster has his impressive studio. We discovered Foster's spacious atelier, and ingenious depot, exotic workshop and unorthodox exhibition space, all in once.

From our first meeting, characterised by mutual openness and quick wit, it becomes obvious that Foster is still carrying a torch for the *D(o) I(t) Y(ourself)* motto from the scrupulous 1970s. Aside from his drawings, mostly done with pencil, ink and computer, he assembles and constructs colossal mural objects by using diverse materials he occasionally stumbles upon, but are for the better part fabricated by himself, in an overseas leather-sewing workshop.

Moreover, it appears that Graham Foster takes digital photographs of all of his works himself, supports his own curious website, and produces his own handsome books in cooperation with the also highly creative polyglot publisher Andy Lim.

During our extensive tour around the chock-full atelier it quickly becomes clear to us that Foster has a mind of his own, has guts, as well as a unique feeling for language. His original choice of words, occasionally remindful of the peerless fluency displayed by Sacha Baron Cohen, Ian Dury, Terry Gilliam, Ian McEwan and no less Andy Partridge, is also reflected in the enigmatic English titles he conceives for his three-dimensional works of art, as mysterious as they already are.

Acting on these positive impressions and subsequent disarming contacts, the museum's staff in Venlo decided in the spring of 2006 to organise a one-man-exhibition of Graham Foster's two- and three-dimensional works. With cordial thanks to Dr Wibke von Bonin and the virtuoso causeur-cum-entrepeneur Andy Lim Museum van Bommel van Dam will be the first museum in the Netherlands to present a wide survey of both Graham Foster's intriguing monumental mural objects and his hilarious comic-drawings, from 19th January through 18th March 2007.

In the middle of 2006 we were informed by Dr Gert Fisher, Erster Beigeordtner of the Stadtmuseum at Siegburg, that his museum will also be home to a one-man-exhibition of works by Foster in 2007. Both museums subsequently agree on a catalogue in three languages (English/German/Dutch) to be published in 2007 on the occasion of Foster's cross-border double exhibition.

Finally, a word of thanks is due to all those who work, both within and outside the museum, who put their hearts and souls into making a success of the exhibition and the accompanying publica-tion, and especially to Graham Foster himself, who gave assistance to everyone at the museum at selecting, transporting, decorating, text providing, education and public relations.

1,2,3,4

Graham Foster in an interview with the author in Cologne on 3rd November 2006. All quotes by Graham Foster - notes 1 through 4 - are drawn from this conversation.

At Venlo, around 1970, guided by the body of thought of the acclaimed Dutch architect Dom van der Laan, founder of the so-called Bossche School, the architects Jos van Hest and Leo Kimmel are designing Museum van Bommel van Dam. The central space, a large high middle hall, is supported by four shorter walls of profiled concrete blocks. The natural incidence of light through four rows of skylights is pleasant and ideally suited for the presentation of contemporary visual art. Surrounding this balanced architectural heart-characterised by a consistently applied bay size of five meters square-four lowered galleries, pursuant to identical dimensional characteristics, have been positioned that artfully bring to mind medieval ambulatories. This distinctive right wing of the museum exudes more than anything, simplicity and serenity.

From 19th January through 18th March 2007 this expertly balanced architectural scenery forms the spatial backdrop to the stunning and sometimes over-variegated three-dimensional universe of the English sculptor Graham Foster (Yorkshire, 1950). In the galleries, small series of humorous pencil drawings are presented displaying a variety of strange combinations of animals, people and objects. There are also ink drawings made with a notebook (pc). Without exception they are droll and farcical figures with sometimes wrinkled, hairy or pocked skins. Furthermore, boxes seemingly perfectly finished hang suspended in the galleries and prove to contain outright absurd objects. The title of this remarkable exposition is *Out there hiding everywhere*. Drawing from an unbelievably wide range of materials such as bamboo, glass, hair, wood, kitschy christmas balls, copper, leather, blister padding, papier-mâché, plastic, perspex, pvc pipes, polyester, rubber, synthetic hair, textiles, flags and feathers, Foster deliberately constructs complex, usually symmetrical colourful constellations. Aside from these colossal objects suspended from the wall with either angular rigid motifs or curved fluid forms he also occasionally produces freestanding totems.

Materiality
To come right to the point: Graham Foster's work is a revelation.

The time in which we are living is arguably not the best of times for our sense of touch. Touching, feeling, caressing, holding, seem to be suppressed more and more in favour of distant digital processes. As paradoxical as it may seem at first, as a result of that, we are literally and figuratively speaking becoming more and more socially inhibited.
In Graham Foster's oeuvre the protagonists are precisely, materiality and tactility. With noticeable 'joie de montage' he time and again interweaves widely differing 'skins', impressing on the spectator equally mixed emotions of pleasure, repulsion, smoothness, roughness, neutrality or intrusion. Face to face with Foster's works of art, they appear to be deliberately fabricated hybrid mosaics, that play tricks on the unsuspecting visitor with lethal precision, entice him with delicate subtlety, yet equally confuse or shock him.

An imaginary culture
Philosophically Foster's provoking strongly layered inventive works of art are remindful of revolutionary pop music recorded between 1970 and 1980 in Germany and the United States. In Cologne Holger Czukay, Michael Karoli and Jaki Liebezeit, members of the band called Can, bring out the so-called *Ethnic Forgeries*. These are experimental compositions realised partly on the basis of ingeniously mixed radio fragments from all over the world, rhythm boxes and tapes. In New York and San Francisco in 1979 David Byrne and Brian Eno, without prior knowledge of what transpires in Cologne and to some extent inspired by their avant-gardist colleague Jon Hassell, the trumpet player, are recording the trend-setting album *My life In The Bush Of Ghosts*. A pioneering soundtrack for an imaginary culture. It is a brilliantly mixed long player full of bizarre radio fragments, tapes and world music avant la lettre.

Graham Foster's surprisingly varied basic material analogous to the just mentioned musical examples also has American, African, Asian and European 'roots'. In his creative hands the diverse and sometimes contradictory elements such as wood and imitation prints become transformed into something else. In the course of the creative process some parts such as for example on *Nature of the beast (a practical solution)* from 1998 or *Colonial Bolonial* from 2005, acquire a new (quasi-anthropological) meaning and become a 'logical' art of a unique universe with a characteristic, incommutable signature.

Sophisticated compositions
On taking a look at *The cod that makes you cry/The breath that bleeds you dry* from 1998-1999 and *We come to Liberifry you* from 2006 we can also conclude that Foster is quite deliberately composing his recovered or self-made material and artfully distributes this over the self-picked plane. During an interview Foster himself is referring to his deliberate studied approach: *'There's this big soup of things to choose from. A creative spark can be triggered by anything - fragments of a weather balloon that I come across, silly studioprops from the first Batman movie, navy stuff, yew, self-made leather boots. I orchestrate my sculptures very carefully.'* [2]

This last statement is very important. Above all, Foster's three-dimensional works are without boundaries and frames. Unlike the majority of contemporary photographs and paintings they do not represent a metaphorical or symbolic window. A sense of balance, logic, order, method and measure are functioning in this work as essential counterpoints opposite the wide diversity of the foreign materials and the usually variegated colouring. Apart from that the repetitive curved patterns on *We come to Liberifry you* spontaneously bring forth associations in me with jugglers and harlequins-les saltimbanques-on paintings by the young Picasso.
When I ask Graham Foster about possible art-historical roots of his spatial work-collages by George Braque, Pablo Picasso or Ivan Puni, Marcel Duchamp's readymades, Kurt Schwitters' paste-ups, Salvador Dali's objects, Joseph Cornell's cupboards, the combine-paintings by Robert Rauschenberg, environments by Edward and Nancy Kienholz or Jean Tinguely's machines-he says: *'I do not feed on historical info. I'm always running on vibrations. It's a story of association and transformation. A lot of times I end up with things I don't know about. After letting things happen in the atelier you*

suddenly realize that the arranged parts contain a new meaning or that you've made up a quirky piece that hasn't been around before.' [3]

Gravity and mirth
A good example of how Foster's works sustain a space of their own-playfully devised by a sprightly homo ludens-is *We want Petauridification* from 2005, measuring 220 by 155 centimeters. The work is build from acute triangular forms placed over each other, sweeping garden hoses, a diagonal sword, fake skin, glass eyes, a set of false teeth and paddles. Together these ingredients constitute a simplified figure of just torso, neck, head and arms, as we may every now and then run into in international animations, cartoons or comic strips. At the same time the artist has provided his personage antithetically with a dark sinister dimension: the colossal 'thing' emits agression and masculinity as if coming from a 'warrior', a science fiction samurai in space.

Graham Foster's works of art as much as the famous interactive machines by Jean Tinguely invariably provoke reactions from the spectators. Experience shows that they leave no one untouched-emotions ranging from disgust to amazement pass by in rapid succession. In this context the sometimes hilarious and sometimes profound titles given by Graham Foster to his complicated works play an important and occasionally liberating part. Works like *Look into my eyes, look into my eyes* as well as Eradicate, procreate, ruminate-both from 2006-produce a conflicting emotional mix of gravity and mirth. With his acute subversive (contra-) titles he is wrongfooting spectators and without wanting to be moralistic provides for superior (pictorial) entertainment.

High-quality craftsmanship
In the room the visitors to the museum come face to face with an artificial shadowless pantheon of bizarre intriguing personages in widely fanning out horizontal and sometimes symmetrical settings, such as for example on *Alpha Blinder, Beta Brötchen* from 2005 or *Dorsal Extension, Feat Notstiefel* from 2004-2005.

These works are not sculpted totems expressly made out to appear primitive with subtly assimilated imitation prints. In these works of art in an authentic way beautiful self-made parts of leather and textile are tied in with industrial mass-produced goods.

His high-quality craftsmanship also becomes apparent in the work titled *Boot* from 2005-an aluminum box sprayed bright red with glass on three sides, with two grab handles at the top and the bottom. The splendidly finished box contains two large 'Siamese' leather boots shaped by Foster himself in England into one single comparatively huge leg with special gloves sticking out. A portable disaster kit for 'mutants' with at the top left a legend in four languages (German, Japanese, English and Russian).

With this well tended and finished 'information' Foster moves into a higher gear: the German 'notstiefel' (emergency boots) versus the English 'no(t) boot'. Sauve qui peut!
With sardonic pleasure Foster is stepping on official regulations and legal provisions. The craftsmanlike meticulously prepared work generically persiflates communication and warning systems and as a result of the short-circuited legends all at once becomes truly absurd and anti-functional. A fine example of nonsensical 'out of the box' thinking!
From what has been said before it becomes abundantly clear that in Graham Foster's unique oeuvre time and again starkly contrasting phenomenons such as animation, farcicality, fiction, film, grand guignol, geniality, sense of colour, military codes, religion, sex, slapstick, scifi-chic, sadomasochism, comic-book culture and sense of form come together in an inimitable way.
In his own laconic words: '*Anyway, my funny little world is full of contradictions.*'[4] A refreshing artistic outlook for our time. Figuratively speaking his original and witty approach always manages to hit me in the midship. Genug gesagt. Enjoy this big soup of things, too!

Rick Vercauteren,
Director Museum van Bommel van Dam, Venlo.

Vorwort

Im Frühjahr 2005 stellt der bildende Künstler Michael Kiernan, der
aus den Vereinigten Staaten stammt, aber in der Umgebung von
Bonn lebt und arbeitet, zum ersten Mal in den Niederlanden aus.
Bei der Vernissage zu Kiernans Ausstellung *Run Rabbit Run* in
Venlo weist die deutsche Kunsthistorikerin Dr. Wibke von Bonin die
Leitung des Museums van Bommel van Dam auf ein weiteres
ausländisches Kunsttalent in Deutschland hin, den in Köln
lebenden und arbeitenden Engländer Graham Foster.
Nach monatelangem intensivem Internetkontakt besuchen die
beiden Venloer Konservatoren Ulco Mes und Rick Vercauteren im
Herbst 2005 im Vorfeld der immer wieder prickelnden internatio-
nalen Kunstmesse *Art Cologne* zum ersten Mal das städtische
Atelierhaus V6, in dem Graham Foster in einem der oberen
Stockwerke ein beeindruckendes Studio hat. Fosters großzügig
bemessenes Atelier ist, wie sich vor Ort zeigt, ingeniöses Lager,
exotische Werkstatt und unorthodoxer Präsentationsraum in
einem.
Während der ersten Begegnung, die sich durch gegenseitige
Offenheit und pointierten Humor auszeichnet, wird sonnenklar,
dass Foster das integre Leitmotiv der 1970er Jahre - *D(o) I(t) Y(our-

self)* - stark verinnerlicht hat. Häufig zeichnet er mit Bleistift, Tinte
und PC, montiert und konstruiert aber auch kolossale Wandobjekte
aus sehr unterschiedlichen Materialien, auf die er bisweilen
zufällig stößt, die er zum Teil aber auch in einem überseeischen
(Näh-)Atelier für Leder selbst herstellt.
Außerdem stellt sich in Köln heraus, dass Graham Foster all seine
Arbeiten selbst digital fotografiert, seine eigene, kuriose Website
pflegt und sowie gemeinsam mit dem ebenfalls außerordentlich
kreativen und polyglotten Verleger Andy Lim in Eigenregie
geschmackvolle Veröffentlichungen produziert.
Während des ausgedehnten Rundgangs durch das gedrängt volle
Atelier zeigt sich außerdem bald, dass Foster ein autonomer
Denker und Draufgänger ist und über ein einzigartiges
Sprachgefühl verfügt. Seine originelle Wortwahl, die dann und
wann an die unvergleichliche Sprachgewandtheit eines Sacha
Baron Cohen, Ian Dury, Terry Gilliam, Ian McEwan oder Andy
Partridge heranreicht, widerspiegelt sich auch in den rätselhaften
englischen Titeln, die er sich für seine ohnehin mysteriösen
dreidimensionalen Kunstwerke ausdenkt.
Aufgrund dieser positiven Eindrücke und der darauffolgenden
entwaffnenden Kontakte beschließt die Leitung des Venloer
Museums im Frühjahr 2006, eine museale Solopräsentation mit
Graham Fosters zwei- und dreidimensionalen Arbeiten zu organi-
sieren. Mit aufrichtigem Dank an Frau Dr. Wibke von Bonin und den
virtuosen Entertainer und Entrepreneur Andy Lim präsentiert das
Museum van Bommel van Dam vom 19.01. bis zum 18.03.2007 als
erstes Museum in den Niederlanden eine ausführliche Übersicht
über Graham Fosters faszinierende monumentale Wandobjekte
und die zum Schreien komischen Comiczeichnungen.
Mitte 2006 teilt Dr. Gert Fischer, Erster Beigeordneter des
Stadtmuseums in Siegburg, mit, dass auch in seinem Museum im
Jahre 2007 eine Einzelausstellung mit Arbeiten von Foster zu sehen
sein werde. Beide Museen vereinbaren anschließend - mit Dank an
Herrn Dr. Fischer und den Verleger Christof Kerber -, dass 2007 zu
Fosters grenzüberschreitender Doppelpräsentation ein
dreisprachiger Katalog (E/D/NL) erscheinen soll.
Abschließend möchte ich gerne allen danken, die sich innerhalb

1,2,3,4

*Graham Foster in einem Interview mit dem Verfasser
am 03.11.2006 in Köln. Alle Zitate von Graham Foster
in den Fuflnoten 1 - 4 stammen aus diesem
Interview.*

und außerhalb des Museums nach besten Kräften für ein Gelingen der Ausstellung und des sie begleitenden Katalogs eingesetzt haben, insbesondere Graham Foster selbst, der allen Mitarbeitern des Museums bei Auswahl, Transport, Einrichtung, Betextung, Museumspädagogik und PR behilflich war.

A big soup of things Beeinflusst vom Gedankengut des namhaften niederländischen Architekten Dom van der Laan, des Begründers der so genannten Hertogenboscher Schule, entwerfen die Architekten Jos van Hest und Leo Kimmel um 1970 das Museum van Bommel van Dam in Venlo. Der zentrale Raum, ein großer, hoher Mittelsaal, wird von vier kürzeren Sichtbetonwänden getragen. Der natürliche Lichteinfall durch die vier länglichen Oberlichter ist angenehm und eignet sich in besonderem Maße für die Präsentation von zeitgenössischer Kunst. Rund um dieses ausgewogene architektonische Herz - das sich durch ein konsequent umgesetztes Maß von 5 x 5 m je Travée auszeichnet - ziehen sich mit dem gleichen Maß als Ausgangspunkt vier vertieft angebrachte Galerien, die subtil an mittelalterliche Ambulatorien erinnern. Dieser charakteristische rechte Flügel des Museums strahlt vor allem Klarheit und Ruhe aus.
Vom 19.01. bis zum 18.03.2007 stellt dieser fachkundig ausgewogene architektonische Hintergrund die räumliche Kulisse für das verblüffende, zuweilen superbunte dreidimensionale Universum des englischen Bildhauers Graham Foster (Yorkshire, 1950) dar. In den Galerien werden kleinere Serien humoristischer Bleistiftzeichnungen gezeigt, die viele ungewöhnliche Kombinationen von Tieren, Menschen und Dingen enthalten. Außerdem werden dort Tuschezeichnungen präsentiert, die mit einem Notebook (PC) hergestellt wurden. Ausnahmslos stellen sie drollige und possierliche Figuren mit mal runzliger, mal behaarter und dann wieder pockennarbiger Haut dar. Daneben hängen dort in den Galerien einige visuell perfekt verarbeitete Glasgefäße mit völlig absurden Objekten als Inhalt. Der Titel dieser außergewöhnlichen Ausstellung lautet *Out there hiding everywhere*.
Aus einer unglaublich breiten Skala an Materialien wie Bambus, Glas, Haaren, Holz, kitschigen Christbaumkugeln, Kupfer, Leder, Noppenfolie, Pappmaché, Plastik, Plexiglas, PVC-Rohren, Polyester, Gummi, synthetischen Haaren, Textilien, Fahnen und Federn stellt Foster wohlüberlegt komplexe, vielfach symmetrische und bunte Konstellationen zusammen. Neben kolossalen hängenden Wandobjekten mit eckigen, rigiden Motiven oder runden, fließenden Formen kreiert er dann und wann freistehende Totems.

Materialität
Um mit der Tür ins Haus zu fallen: Graham Fosters Oeuvre ist eine Offenbarung. Wir leben in einer Zeit, in der der Tastsinn kaum noch zählt. Anfassen, berühren, streicheln, festhalten - diese Formen des Kontakts werden anscheinend immer mehr von distanzierten, digitalen Prozessen verdrängt. Infolgedessen werden wir - wie paradox sich das im ersten Augenblick auch anhören mag - in wörtlicher und übertragener Bedeutung immer kontaktarmer. In Graham Fosters Arbeiten hingegen spielen gerade Materialität und taktile Sinneswahrnehmung die Hauptrolle. Mit sichtlicher Freude am Zusammenbauen verflechtet er immer wieder stark differenzierte 'Häute' miteinander, die für den Betrachter angenehm, abstoßend, glatt, rau, neutral oder eindringlich zugleich sind. Fosters Kunstwerke sind, wie sich in den Ausstellungsräumen zeigt, bewusst konstruierte hybride Mosaiken, die den nichtsahnenden Betrachter mit tödlicher Präzision auf die falsche Fährte locken, ihn subtil verführen, aber auch in größte Verwirrung stürzen oder schockieren.

Eine Scheinkultur
Durch die philosophische Brille betrachtet erinnern Fosters rotzige, vielschichtige und einfallsreiche Kunstwerke an die revolutionäre Popmusik, die in den Jahren 1970 - 1980 in Deutschland und den Vereinigten Staaten eingespielt wird. In Köln veröffentlichen Holger Czukay, Michael Karoli und Jaki Liebezeit, Mitglieder der Gruppe Can, die so genannten *Ethnic Forgeries* - experimentelle Kompositionen, die sich unter anderem auf einen ingeniösen Mix von Geräuschfetzen aus Rundfunksendungen aus der ganzen Welt, Rhythmusmaschinen und Samples stützen. Ohne zu wissen, was sich in Köln tut, und unter anderem von ihrem avantgardistischen

Kollegen, dem Trompeter Jon Hassell, inspiriert, nehmen David Byrne und Brian Eno 1979 in New York und San Francisco das richtungsweisende Album *My life In The Bush Of Ghosts* auf. Ihre Platte wird zum Trendsetter und Soundtrack für eine Scheinkultur. Es ist eine brillant abgemischte LP voller bizarrer Geräuschfetzen, Samples und Tonspuren - Weltmusik, lange bevor dieser Begriff geprägt werden sollte.

Wie seine oben genannten musikalischen Vorbilder hat Graham Fosters überraschend abwechslungsreiche Materialgrundlage ebenfalls amerikanische, afrikanische, asiatische und europäische 'roots'. In seinen kreativen Händen transformieren die unterschiedlichen - einander bisweilen widersprechenden - Elemente wie Holz und Imitationsdrucke zu etwas anderem. Je weiter der Schöpfungsprozess voranschreitet, wird den einzelnen Teilen wie zum Beispiel in *Nature of the beast (a practical solution)* aus dem Jahre 1998 oder in *Colonial Bolonial* (2005) eine neue (gleichsam anthropologische) Bedeutung zuteil, sodass sie zu einem 'logischen' Bestandteil eines einzigartigen Universums mit einer typischen, unverwechselbaren Identität werden.

Raffinierte Kompositionen

Wenn wir uns *The cod that makes you cry/The breath that bleeds you dry* aus den Jahren 1998-1999 bzw. *We come to Liberifry you* (2006) anschauen, stellen wir außerdem fest, dass Foster das gefundene bzw. selbst gefertigte Material ganz bewusst komponiert und raffiniert auf der selbst gewählten Fläche anordnet. In einem Interview weist Foster uns selbst auf diese planvolle und durchkonstruierte Vorgehensweise hin: '*Man kann aus einer riesigen Suppe von Dingen auswählen. Alles Mögliche kann den Funken der Inspiration auslösen - Teile eines Wetterballons, auf den ich zufällig stoße, ulkige Requisiten aus dem ersten Batman-Film, Marinezeugs, Eibenholz, selbst gefertigte Lederstiefel. Ich orchestriere meine Skulpturen mit äußerster Sorgfalt.*' [2]
Diese Feststellung ist sehr wichtig. Fosters dreidimensionale Werke sind nämlich à priori grenzenlos und randlos. Im Gegensatz zum weitaus größten Teil der zeitgenössischen Fotografien und Gemälde repräsentieren sie keinen metaphorischen oder symbolischen Rahmen. Balance, Logik, Ordnung, Systematik, Klarheit fungieren in Fosters Werk als wesentliche Kontrapunkte zu der großen Vielfalt der merkwürdigen Materialien und der oft schillernden Farbenpracht. Die wiederkehrenden runden Muster in *We come to Liberifry you* lösen bei mir übrigens spontane Assoziationen mit den Jongleuren und Gauklern - Les Saltimbanques - in den Gemälden des jungen Picasso aus.
Auf meine Frage nach eventuellen kunsthistorischen Wurzeln seiner räumlichen Arbeiten - den Collagen von George Braque, Pablo Picasso oder Ivan Puni, den Ready-mades von Marcel Duchamp, den Montagen von Kurt Schwitters, den Objekten von Salvador Dali, den Kästen von Joseph Cornell, den Combine Paintings von Robert Rauschenberg, den Environments von Edward und Nancy Kienholz oder den Maschinen von Jean Tinguely - antwortet Graham Foster: '*Ich brauche keine historischen Informationen als Treibstoff, sondern werde immer von Vibrationen angetrieben. Alles dreht sich um Assoziation und Transformation. Oft bleiben mir am Ende Dinge, von denen ich nichts weiß. Wenn du den Dingen im Atelier ihren Lauf lässt, merkst du plötzlich, dass die arrangierten Teile deiner Arbeit eine neue Bedeutung bekommen haben oder dass du irgendetwas Sonderbares gemacht hast, das es vorher noch nicht gab.*' [3]

Ernst und Frohsinn

Ein gutes Beispiel für Fosters eigensinnige räumliche Arbeiten - von einem vitalen Homo ludens spielerisch kreiert - ist *We want Petauridification* aus dem Jahre 2005 mit einer Größe von 220 x 155 Zentimetern. Das Kunstwerk besteht aus übereinander liegenden, scharfen dreieckigen Formen, fließend verdrehten Gartenschläuchen, einem diagonalen Schwert, Kunsthaut, Glasaugen, einer Zahnprothese und Rudern. Insgesamt stellen diese Bestandteile eine vereinfachte Figur dar, wie wir ihr manchmal in internationalen Trickfilmen, Cartoons oder Comic strips begegnen, eine Figur, die sich nur aus Torso, Hals, Kopf und Armen zusammensetzt. Gleichzeitig hat der Künstler seinem Wesen - gleichsam als Antithese - eine dunkle, schaurige Dimension verliehen: Das kolossale 'Ding' hat die Ausstrahlung eines

aggressiven, maskulinen 'Warriors', eines Science-fiction-Samurais
im Weltraum.
Ebenso wie Jean Tinguelys berühmte interaktive Maschinen provo-
zieren Graham Fosters Kunstwerke die Betrachter immer wieder zu
einer Reaktion. Die Erfahrung hat gezeigt, dass sie niemanden
unberührt lassen - von Ekel bis Erstaunen sind alle
Gefühlsregungen im schnellen Wandel vertreten. In dieser Materie
spielen die mal heiteren, mal tiefsinnigen Titel, die Graham Foster
seinen komplexen Werken gibt, eine wichtige, manchmal auch eine
entladende Rolle. Ernst und Frohsinn kämpfen bei Arbeiten wie
Look into my eyes, look into my eyes und *Eradicate, procreate,
ruminate* - beide aus dem Jahre 2006 - um den Vorrang. Mit seinen
bissigen, subversiven (Anti-)Titeln führt er den Betrachter in die
Irre und sorgt damit - ohne moralistisch sein zu wollen - für erst-
klassige (bildhafte) Kurzweil.

Virtuose Kunstfertigkeit
Im Museumsraum stehen die Besucher vor einem artifiziellen,
schattenlosen Pantheon bizarrer und faszinierender Figuren in sich
breit ausfächernden horizontalen, bisweilen symmetrischen
Szenen wie zum Beispiel in *Alpha Blinder, Beta Brötchen* aus dem
Jahre 2005 oder in *Dorsal Extension, Feat Notstiefel* (2004-2005).
Diese Werke sind keine absichtlich primitiv wirken wollenden
plastischen Totems mit raffiniert verarbeiteten Imitationsdrucken.
Mit großer Originalität verknüpft Foster in
diesen Kunstwerken prachtvolle, selbst gefertigte Bestandteile aus
Leder und Textil mit industriellen Massenprodukten.
Seine virtuose Kunstfertigkeit überzeugt uns auch in dem 2005
entstandenen Kunstwerk *Boot*, einer knallrot gespritzten
Aluminiumbox, die an drei Seiten mit Glas versehen ist und oben
und unten zwei Griffe hat. Die vorzüglich verarbeitete Box enthält
zwei große, von Foster in England selbst gefertigte 'siamesisch
miteinander verwachsene' Lederstiefel mit nur einem relativ kolossalen Schaft, aus dem spezielle Handschuhe herausragen. Ein trag-
barer Erste-Hilfe-Kasten für 'Mutanten' im Katastrophenfall mit
einer viersprachigen Aufschrift in der linken oberen Ecke (deutsch,
japanisch, englisch und russisch). Mit dieser geschmackvoll

dargebotenen und verarbeiteten 'Information' legt Foster noch
einen Zahn zu: der deutsche Begriff 'Notstiefel'
gegenüber dem englischen 'not boot' (kein Stiefel). Sauve qui
peut!
Mit sardonischem Vergnügen tritt Foster behördliche
Bestimmungen, gesetzliche Regelungen und Anordnungen mit
Füßen. Das in handwerklicher Hinsicht bis ins kleinste Detail
stimmige Werk persifliert in allgemeinem Sinn Kommunikations-
und Warnsysteme und wird infolge des Kurzschlusses in den
Aufschriften mit einem Schlag wirklich absurd und antifunktional.
Ein gekonntes Beispiel von verspielter Querdenkerei.

Aus dem gerade Gesagten können wir klipp und klar ableiten, dass
in solch krassem Gegensatz zueinander stehende Phänomene wie
Animation, Burleske, Fiktion, Film, Grand Guignol, Genialität,
Farbgefühl, militärische Codes, Religion, Sex, Slapstick, Scifi-Chic,
Sadomasochismus, Stripkultur und Formgefühl in Graham Fosters
einzigartigem Oeuvre jedes Mal aufs Neue in unnachahmbarer
Weise zusammentreffen. Er selbst sagt lakonisch: '*Jedenfalls ist
meine verrückte kleine Welt voller Widersprüche.*' [4] So geht es
anno 2007 in der Welt der Kunst also auch. Bildlich gesprochen
haut mich seine originelle und geistreiche Herangehensweise
immer wieder von den Socken. Genug gesagt. Enjoy this big soup
of things too!

Rick Vercauteren,
Direktor des Museums van Bommel van Dam, Venlo.

Voorwoord

In het voorjaar van 2005 stelt de Amerikaanse beeldend kunstenaar Michael Kiernan, die in de omgeving van het Duitse Bonn woont en werkt, voor het eerst in Nederland tentoon. Op de opening van Kiernans expositie *Run Rabbit Run* in Venlo attendeert de Duitse kunsthistorica dr. Wibke von Bonin de staf van Museum van Bommel van Dam op een andere, getalenteerde buitenlandse kunstenaar in Duitsland: de in Keulen werkzame en woonachtige Engelsman Graham Foster.
Na maanden van intensief internetcontact bezoeken de Venlose conservatoren Ulco Mes en Rick Vercauteren in het najaar van 2005, voorafgaand aan de altijd prikkelende internationale kunstbeurs Art Cologne, voor het eerst het gemeentelijke Atelierhaus V6 waar Graham Foster op een van de bovenetages een indrukwekkende studio heeft. Fosters ruim bemeten atelier fungeert, zo leert de praktijk, tegelijkertijd als ingenieus magazijn, exotische werkplaats én onorthodoxe presentatieruimte.

Tijdens de eerste ontmoeting, die wordt gekenmerkt door wederzijdse openheid en puntige humor, wordt zonneklaar dat Foster het integere jaren '70 adagium *D(o) I(t) Y(ourself)* hoog in het vaandel heeft. Hij tekent veelvuldig met potlood, inkt en computer én assembleert en construeert bovendien kolossale wandobjecten met sterk uiteenlopende materialen, die hij soms toevallig aantreft

1,2,3,4

Graham Foster in een vraaggesprek met de auteur
op 3 november 2006 in Keulen. Alle hier geciteerde
uitspraken van Graham Foster - noot 1 t/m 4 - zijn
afkomstig uit dit gesprek.

maar deels ook zelf in een overzees (naai)atelier voor leer, vervaardigt.
Daarnaast blijkt in Keulen dat Graham Foster al zijn werken zelf digitaal fotografeert; samen met de eveneens bijzonder creatieve, polyglotte uitgever Andy Lim fraaie publicaties in eigen beheer produceert alsmede een curieuze, eigen website onderhoudt.
Bij de uitgebreide rondgang door het bomvolle atelier wordt voorts snel duidelijk dat Foster autonoom denkt, lef toont én een uniek gevoel voor taal heeft. Zijn originele woordkeuze, die nu en dan de unieke taalvaardigheid van Sacha Baron Cohen, Ian Dury, Terry Gilliam, Ian McEwan én Andy Partridge benadert, weerspiegelt zich tevens in de raadselachtige Engelse titels die hij voor zijn toch al mysterieuze, driedimensionale kunstwerken bedenkt.
Op grond van deze positieve indrukken en daarop volgende ontwapenende contacten besluit de museumstaf in Venlo in het voorjaar van 2006 een museale solopresentatie met het twee- en driedimensionale werk van Graham Foster te organiseren.

Met oprechte dank aan dr. Wibke von Bonin en de virtuoze causeur-entrepreneur Andy Lim presenteert Museum van Bommel van Dam van 19 januari t/m 18 maart 2007 als eerste museum in Nederland een breed overzicht van de intrigerende, monumentale wandobjecten én de hilarische comic-drawings van Graham Foster. Medio 2006 deelt dr. Gert Fisher, Erster Beigeordtner van het Stadtmuseum in Siegen, mede dat er in zijn museum in 2007 ook een eenmansexpositie met werken van Foster te zien zal zijn. Beide musea komen vervolgens - met dank aan dr. Gert Fischer en uitgever Christof Kerber - overeen dat er in 2007 ter gelegenheid van Fosters grensoverschrijdende dubbelpresentatie een drietalige catalogus (E/D/NL) zal verschijnen.

Tot slot graag een woord van dank aan allen die zich binnen en buiten het museum met hart en ziel hebben ingezet voor het welslagen van de expositie en de begeleidende publicatie, in het bijzonder aan Graham Foster zelf, die alle museummedewerkers behulpzaam was bij de selectie, het transport, de inrichting, beteksting en educatie en public relations.

Onder invloed van het gedachtegoed van de befaamde, Nederlandse architect Dom van der Laan, grondlegger van de zogeheten Bossche School, ontwerpen de architecten Jos van Hest en Leo Kimmel rond 1970 het Museum van Bommel van Dam in Venlo. De centrale ruimte, een grote hoge middenzaal, wordt gedragen door vier kortere wanden van schoon verwerkte betonsteen. De natuurlijke lichtinval, via vier stroken daklichten, is aangenaam en bijzonder geschikt voor het presenteren van hedendaagse beeldende kunst. Rondom dit uitgebalanceerde architecturale hart - dat wordt gekenmerkt door een consequent toegepaste traveemaat van vijf bij vijf meter - zijn, uitgaand van dezelfde maatvoering, vier verlaagde galerijen geplaatst die subtiel middeleeuwse ambulatoria in herinnering roepen. Deze karakteristieke rechtervleugel van het museum straalt bovenal eenvoud en rust uit.

Van 19 januari tot en met 18 maart 2007 vormt dit vakkundig afgewogen bouwkundig decor de ruimtelijke backdrop voor het verbluffende, soms superbonte driedimensionale universum van de Engelse beeldhouwer Graham Foster (Yorkshire, 1950). In de galerijen worden kleine series humoristische tekeningen met potlood getoond waarop veel vreemde combinaties van dieren, mensen en dingen staan. Tevens worden er inkttekeningen gepresenteerd die met een notebook (pc) zijn vervaardigd. Zonder uitzondering zijn het drollige en koddige figuren met nu en dan gerimpelde, harige of pokdalige huiden. Voorts hangen er in de galerijen enkele visueel perfect afgewerkte glazen dozen met inhoudelijk volstrekt absurde objecten. De titel van deze, bijzondere expositie luidt *Out there hiding everywhere*.

Uit een ongelooflijk breed scala van materialen zoals bamboe, glas, haar, hout, kitscherige kerstballen, koper, leer, noppenfolie, papier maché, plastic, perspex, pvc pijpen, polyester, rubber, synthetisch haar, textiel, vlaggen en veren, stelt Foster weloverwogen complexe, veelal symmetrische, kleurige constellaties samen. Naast kolossale hangende wandobjecten met hoekige, rigide motieven óf ronde, vloeiende vormen creëert hij af en toe vrijstaande totems.

Materialiteit

Om met de deur in huis te vallen: Graham Fosters werk is een openbaring. We leven in een tijd waarin tastzin ontzettend veel ingeleverd lijkt te hebben. Aanraken, beroeren, strelen, vastpakken lijken steeds meer te worden verdrongen door afstandelijke, digitale processen. Als gevolg daarvan worden we - hoe paradoxaal het in eerste instantie ook moge lijken - letterlijk en figuurlijk contactarmer.

In het oeuvre van Graham Foster spelen materialiteit en tactiliteit juist de hoofdrollen. Met zichtbare 'joie de montage' vervlecht hij keer op keer sterk uiteenlopende 'huiden' die voor de kijkers tezelfdertijd aangenaam, afstotend, glad, ruw, neutraal of indringend zijn. Fosters kunstwerken zijn, zo blijkt op zaal, bewust geconstrueerde, hybride mozaïeken die argeloze kijkers met dodelijke precisie op het verkeerde been zetten, uiterst subtiel verleiden maar ook krachtig verwarren of shockeren.

Een imaginaire cultuur

In filosofische zin doen Fosters brutale, sterk gelaagde, inventieve kunstwerken denken aan revolutionaire popmuziek die tussen 1970 en 1980 in Duitsland en de Verenigde Staten is opgenomen. In Keulen brengen Holger Czukay, Michael Karoli en Jaki Liebezeit, leden van de groep Can, de zogeheten '*Ethnic Forgeries*' uit. Het zijn experimentele composities die mede op basis van ingenieus door elkaar gemixte mondiale radiofragmenten, ritmeboxen en tapes worden gerealiseerd. In New York en San Francisco nemen David Byrne en Brian Eno, zonder te weten wat er in Keulen gebeurt en mede geïnspireerd door hun avant-gardistische collega, trompettist Jon Hassell, in 1979 het trendsettende album '*My life In The Bush Of Ghosts*' op. Een baanbrekende soundtrack voor een imaginaire cultuur. Het is een briljant gemixte langspeelplaat vol bizarre radiofragmenten, tapes en wereldmuziek avant la lettre.

Het verrassend gevarieerde basismateriaal van Graham Foster heeft, analoog aan de hiervoor genoemde muzikale voorbeelden, eveneens Amerikaanse, Afrikaanse, Aziatische en Europese 'roots'. In zijn creatieve handen transformeren de diverse, soms tegenstrijdige, elementen als hout en imitatieprints tot iets anders. Gaandeweg het scheppende proces krijgen onderdelen, zoals bijvoorbeeld op *Nature of the beast (a practical solution)* uit 1998 of *Colonial Bolonial* uit 2005, een nieuwe (quasi-antropologische) betekenis en worden 'logisch' onderdeel van een uniek universum met een kenmerkende, onverwisselbare signatuur.

Uitgekiende composities
Als we *The cod that makes you cry/The breath that bleeds you dry* uit 1998-1999 en *We come to Liberifry you* uit 2006 bekijken, kunnen we tevens vaststellen dat Foster het gevonden c.q. het zelf-gemaakte materiaal heel bewust componeert en uitgekiend over het zelfgekozen vlak distribueert. Tijdens een vraaggesprek wijst Foster zelf op zijn weloverwogen, doordachte aanpak: '*There's this big soup of things to choose from. A creative spark can be triggered by anything - fragments of a weather balloon that I come across, silly studioprops from the first Batman movie, navy stuff, yew, self-made leather boots. I orchestrate my sculptures very carefully.*' ²
Deze laatste constatering is erg belangrijk. Fosters driedimensio-nale werken zijn namelijk à priori grenzeloos en kaderloos. Ze representeren, anders dan het overgrote deel van de heden-daagse foto's en schilderijen, géén metaforisch of symbolisch raam. Afgewogenheid, logica, orde, systematiek, weloverwogen-heid fungeren in dit werk als essentiële contrapunten ten opzichte van de grote verscheidenheid van het vreemde materiaal en de veelal bonte kleurenpracht. De repeterende, ronde patronen op *We come to Liberifry you* roepen bij mij overigens spontaan associaties op met de jongleurs en potsenmakers - les saltimbanques - op schilderijen van de jonge Picasso.
Als ik Graham Foster vraag naar mogelijke kunsthistorische wortels van zijn ruimtelijk werk - collages van George Braque, Pablo Picasso of Ivan Puni, readymades van Marcel Duchamp, montages van Kurt Schwitters, objecten van Salvador Dali, kasten van Joseph Cornell, de combine-paintings van Robert Rauschenberg, environ-ments van Edward en Nancy Kienholz of machines van Jean Tinguely - zegt hij: '*I do not feed on historical info. I'm always*

running on vibrations. It's a story of association and transforma-tion. A lot of times I end up with things I don't know about. After letting things happen in the atelier you suddenly realize that the arranged parts contain a new meaning or that you've made up a quirky piece that hasn't been around before.' ³

Ernst en luim
Een goed voorbeeld van Fosters eigenzinnig ruimtelijk werk - speels gecreëerd door een vitale homo ludens - is *We want Petauridification* uit 2005 dat 220 bij 155 centimeter meet. Het kunstwerk is opgebouwd uit over elkaar liggende, scherpe driehoekige vormen, vloeiend gedraaide tuinslangen, een diago-naal zwaard, namaakhuid, glazen ogen, een kunstgebit en roei-spanen. Tezamen vormen deze ingrediënten een gesimplificeerde figuur met enkel tors, hals, kop en armen, die we soms tegen-komen in internationale animatiefilms, cartoons of strips. Tegelijkertijd heeft de kunstenaar zijn personage, bij wijze van antithese, een donkere, lugubere dimensie meegegeven: het kolossale 'ding' heeft de uitstraling van een agressieve, masculie-ne 'warrior', een science fiction samoerai in space. Graham Fosters kunstwerken lokken, evenals de fameuze interac-tieve machines van Jean Tinguely, continu reacties van het publiek uit. Ervaring leert dat niemand onberoerd blijft - alle emoties tussen afschuw en verwondering passeren in rap tempo de revue. In deze materie spelen de nu eens hilarische, dan weer diepzinnige titels die Graham Foster aan zijn complexe werken geeft een belangrijke, soms ontladende rol. Ernst en luim strijden bij werken als *Look into my eyes, look into my eyes* én *Eradicate, procreate, ruminate* - beiden uit 2006 - om voorrang. Met zijn scherpe, subversieve (anti-)titels zet hij kijkers op het verkeerde been en zorgt, zonder moralistisch te willen zijn, voor superieure (picturale) verstrooiing.

Hoogwaardig vakmanschap
In de museumzaal staat het publiek oog in oog met een artificieel, schaduwloos pantheon van bizarre, intrigerende personages in breed uitwaaierende, horizontale, soms symmetrische settings

zoals bijvoorbeeld op *Alpha Blinder, Beta Brötchen* uit 2005 of
Dorsal Extension, Feat Notstiefel uit 2004-2005. Deze werken zijn
geen opzettelijk primitief overkomende, plastische totems met
geraffineerd verwerkte imitatieprints. Op originele wijze verknoopt
hij in deze kunstwerken prachtige, zelfgemaakte onderdelen van
leer en textiel met industriële massaproducten.
Zijn hoogwaardig vakmanschap komen we ook tegen op het kunstwerk *Boot* uit 2005 - een knalrood gespoten aluminium doos met
aan drie zijden glas, met boven én onder twee handgrepen.
De schitterend afgewerkte doos bevat twee grote, door Foster zelf
in Engeland vervaardigde 'siamees vergroeide' leren laarzen met
één relatief kolossale schacht waaruit speciale handschoenen
steken. A portable disaster kit voor 'mutanten' met linksboven een
opschrift in vier talen (Duits, Japans, Engels en Russisch). Met deze
keurig verzorgde en afgewerkte 'informatie' schakelt Fosters nog
een versnelling hoger: het Duitse 'notstiefel' (ramplaarzen) versus
het Engelse 'not boot' (geen laars). Sauve qui peut!
Met sardonisch genoegen treedt Foster ambtelijke bepalingen,
wettelijke regelgeving en voorschriften met de voeten. Het
ambachtelijk tot in de puntjes verzorgde werk persifleert in genera-
le zin communicatie- en waarschuwingssystemen en wordt door de
kortsluiting in de bijschriften in één klap echt absurd en antifuncti-
oneel. Een knap staaltje van ludiek 'out of the box' denken.

Uit het voorafgaande kunnen we klip en klaar afleiden dat in
Graham Fosters unieke oeuvre sterk opponerende fenomenen als
animatie, boertigheid, fictie, film, grand guignol, genialiteit, kleur-
gevoel, militaire codes, religie, sex, slapstick, scifi-chic, sadomaso-
chisme, stripcultuur en vormbesef iedere keer weer op onnavolg-
bare wijze samenkomen. Zelf zegt hij laconiek: '*Anyway, my funny
little world is full of contradictions.*' 4 Zo kan het artistiek anno
2007 dus ook. In overdrachtelijke zin word ik door zijn originele en
geestige aanpak telkens weer midscheeps geraakt. Genug gesagt.
Enjoy this big soup of things too!

Rick Vercauteren,
Directeur Museum van Bommel van Dam, Venlo.

Drawings

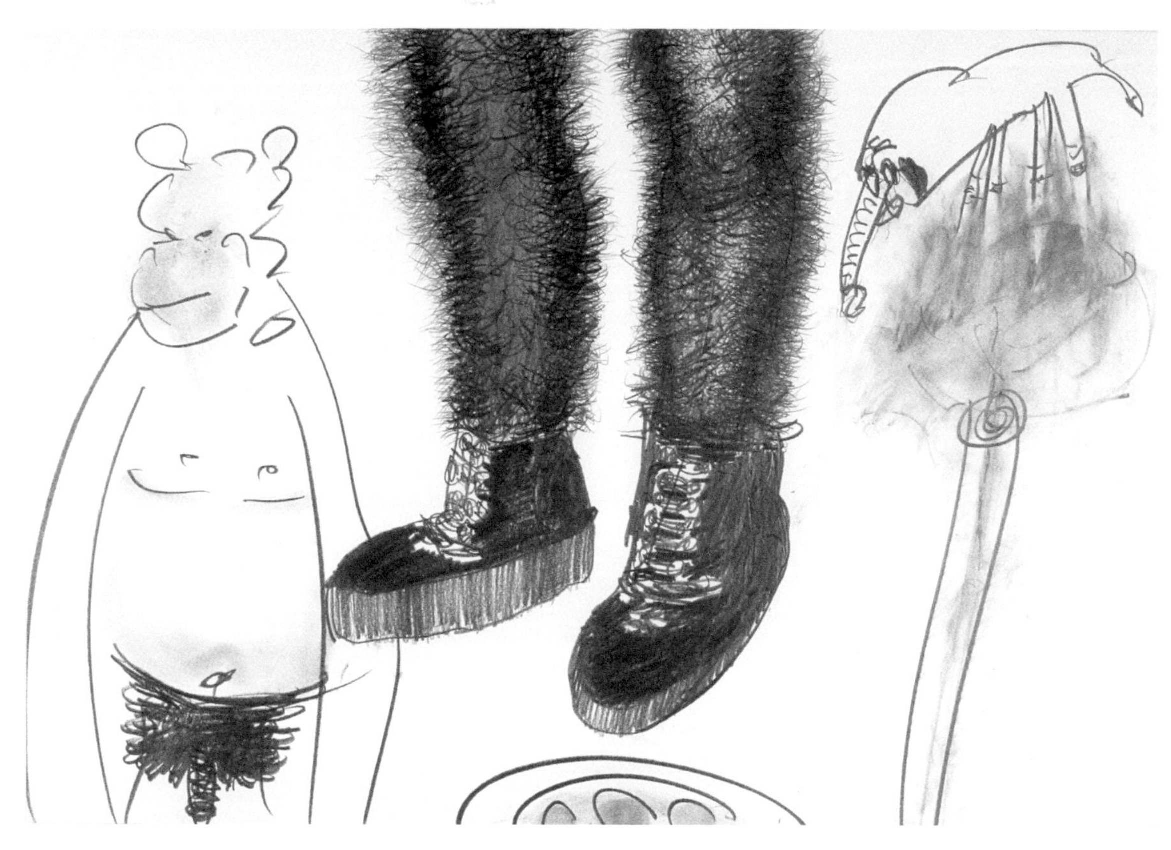

Pencil drawings 42 cm x 29,7 cm

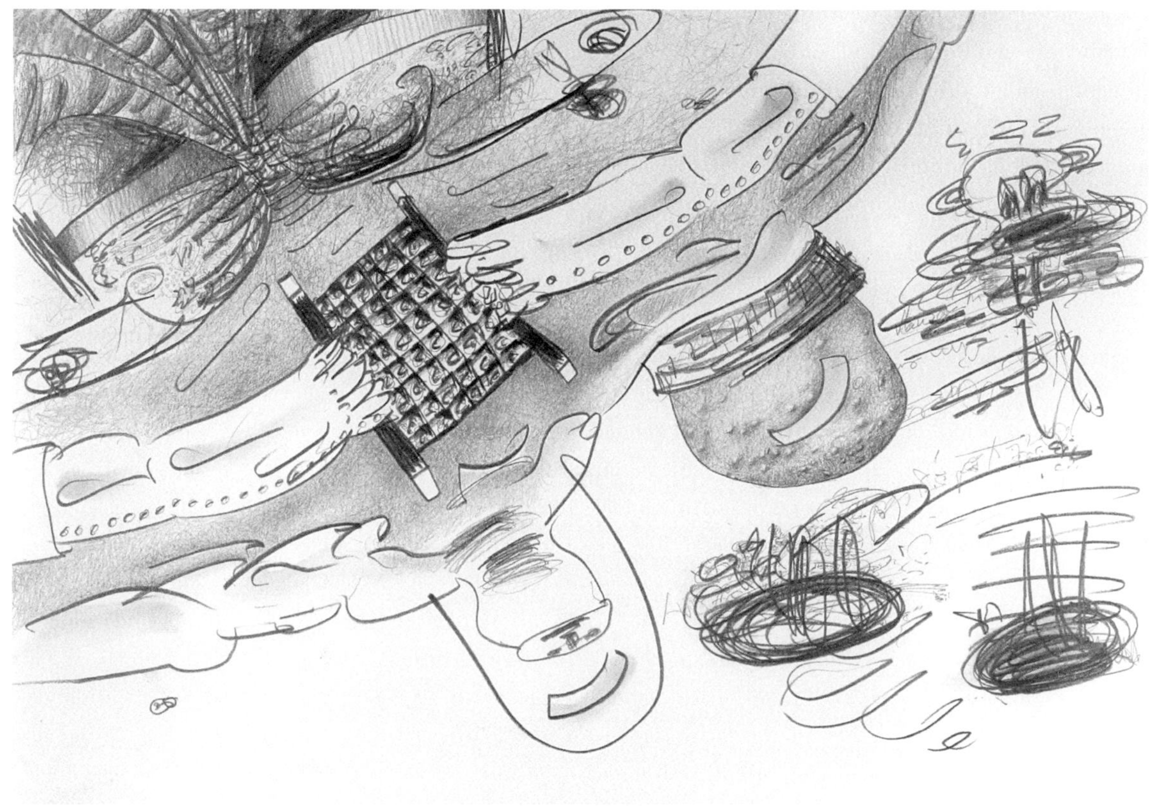

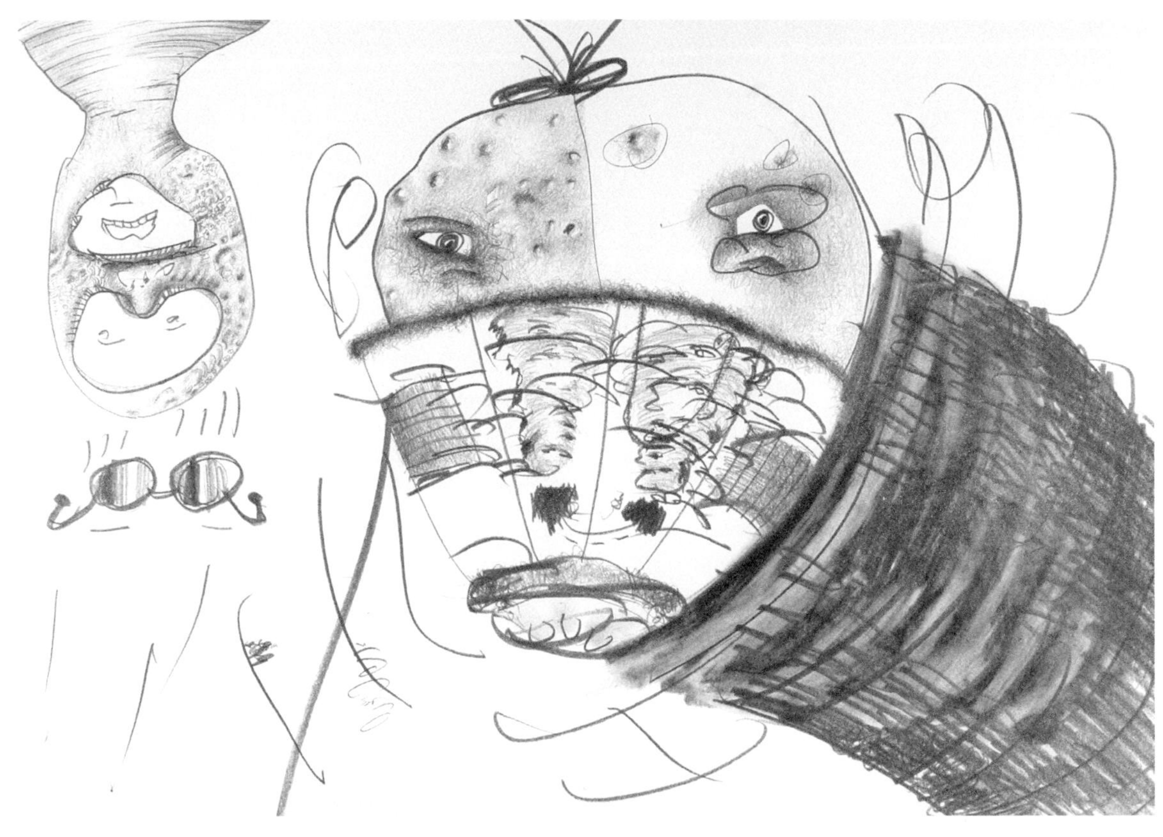

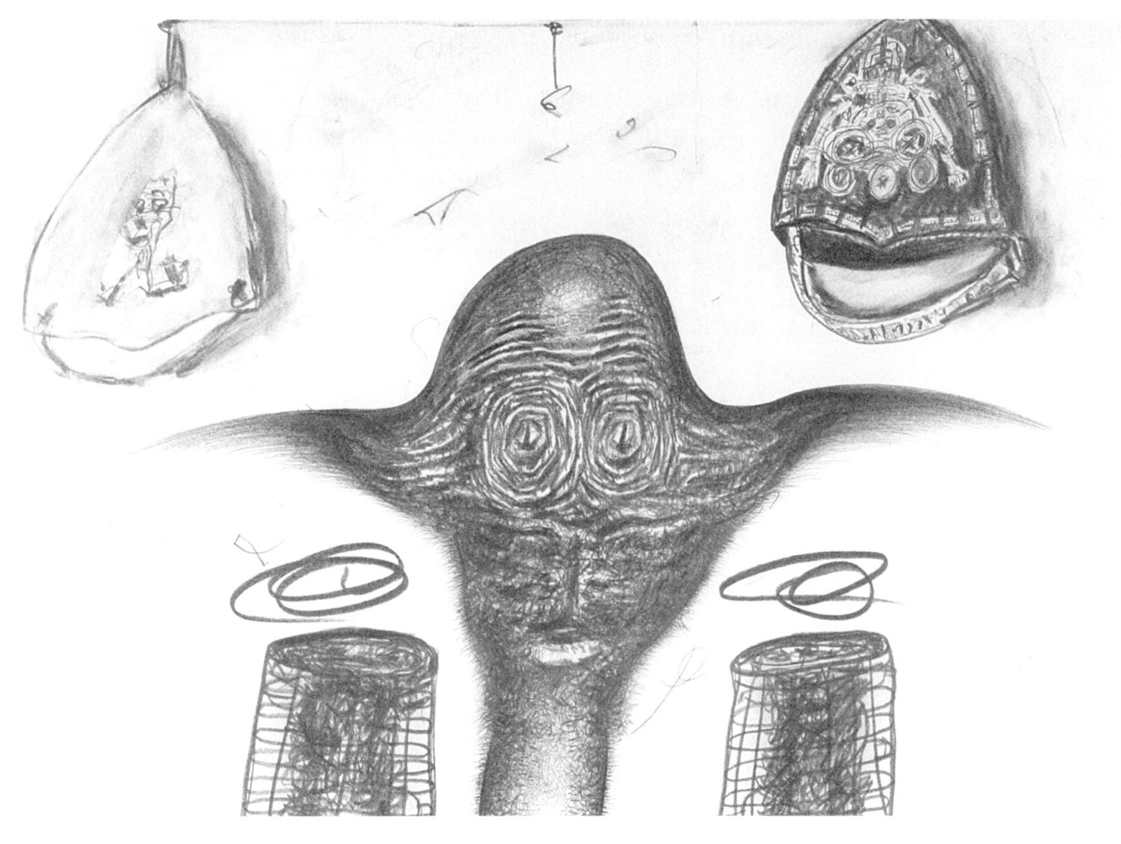

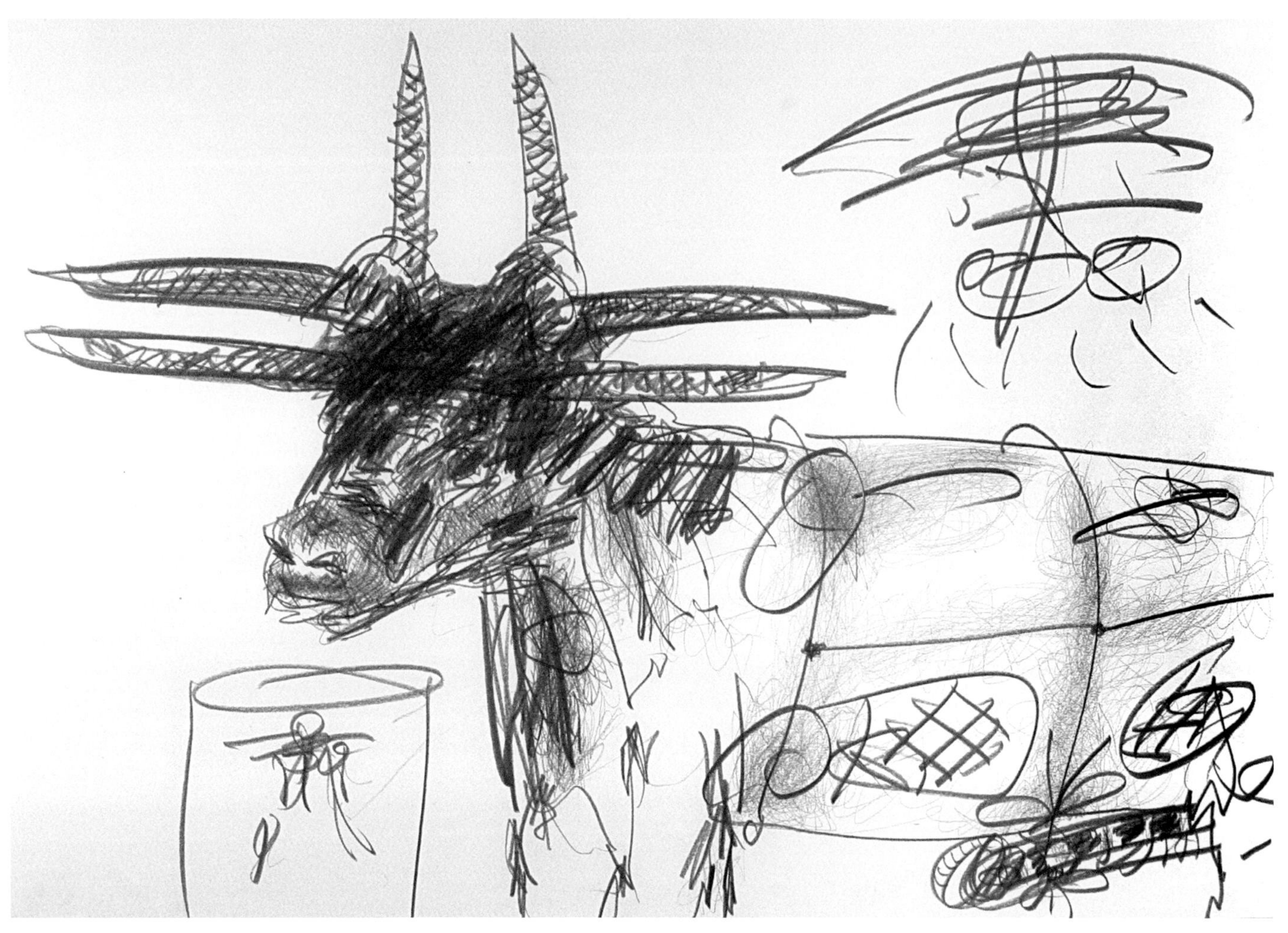

Pencil drawings 42 cm x 59 cm

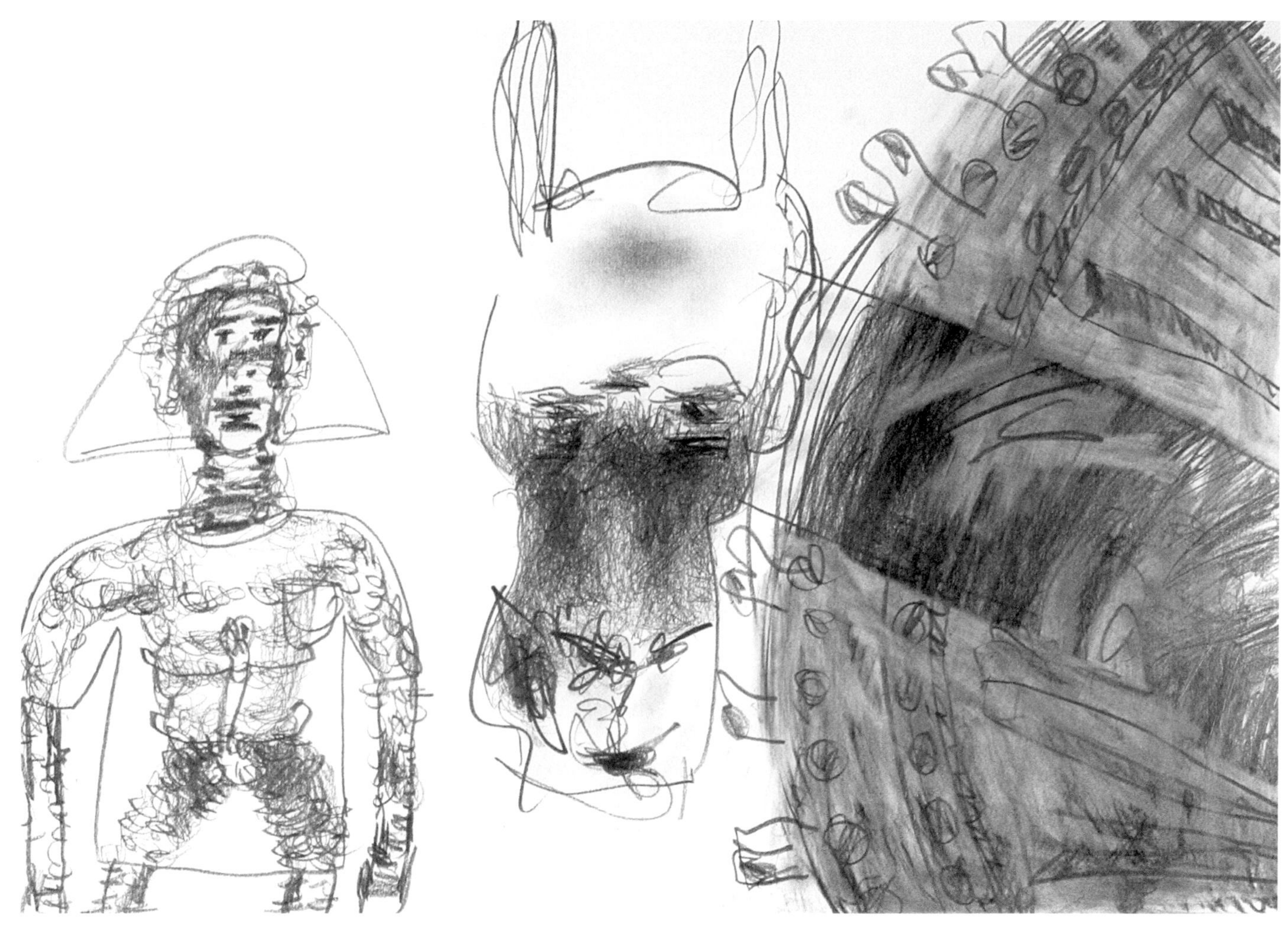

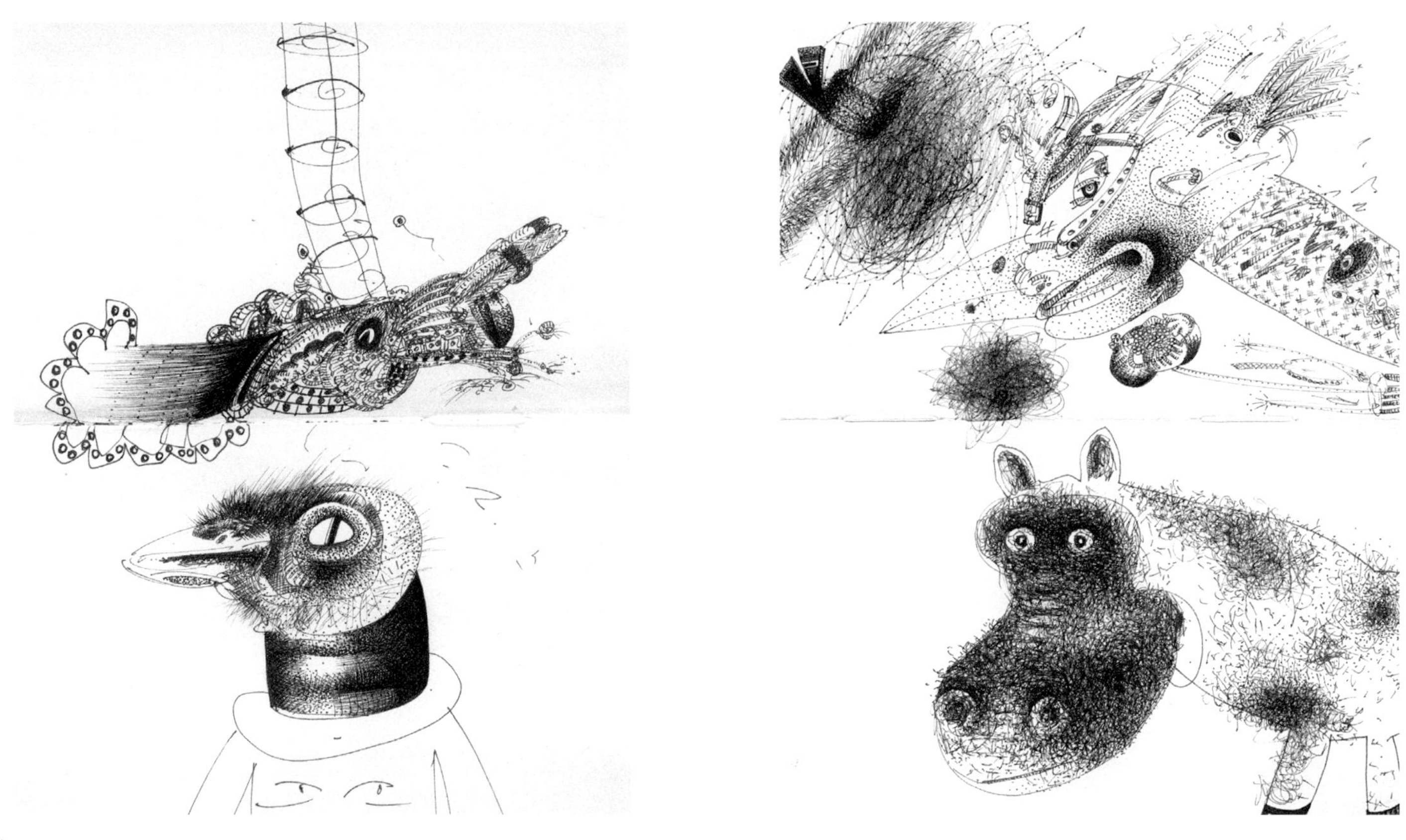

Ink drawings 14 cm x 18 cm

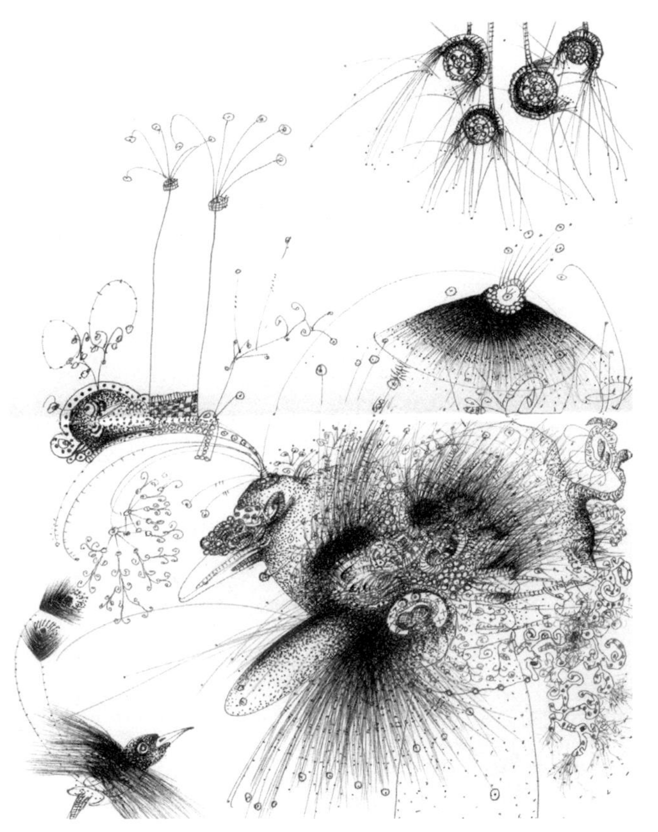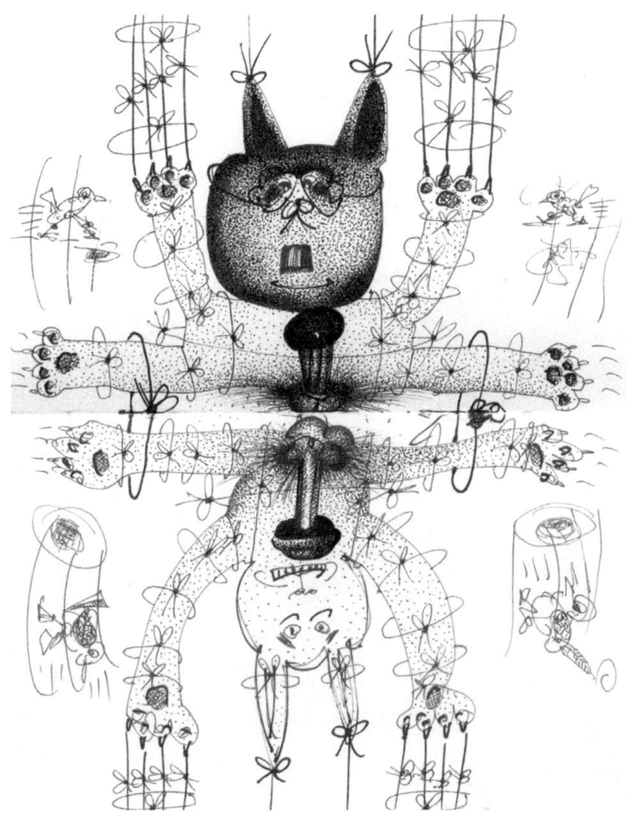

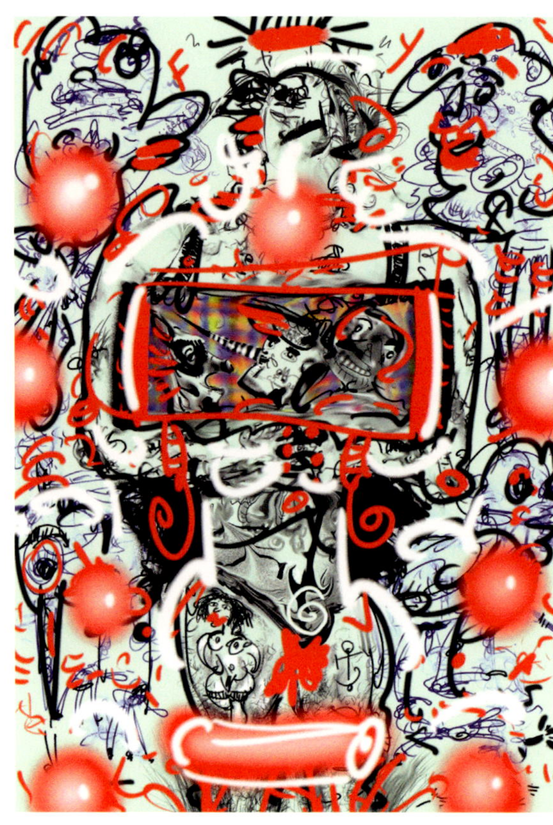 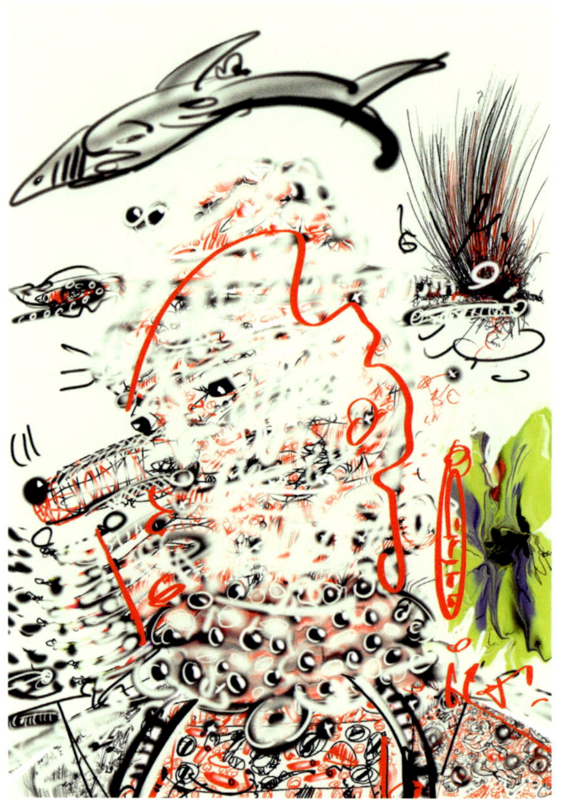

Computer drawings 12 cm x 17,5 cm

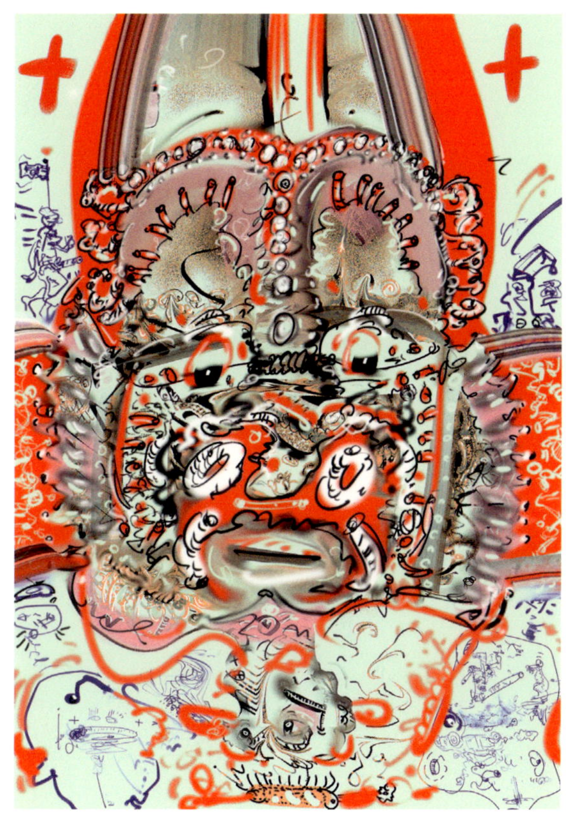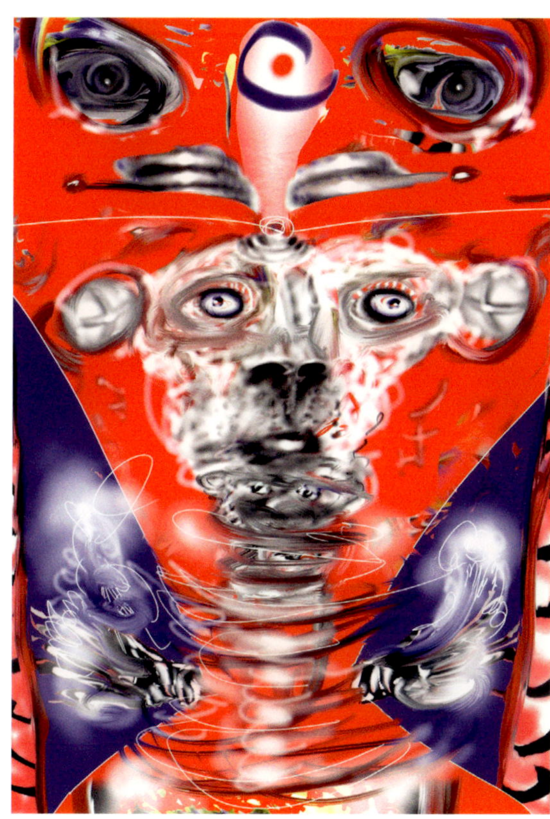

Sculpture

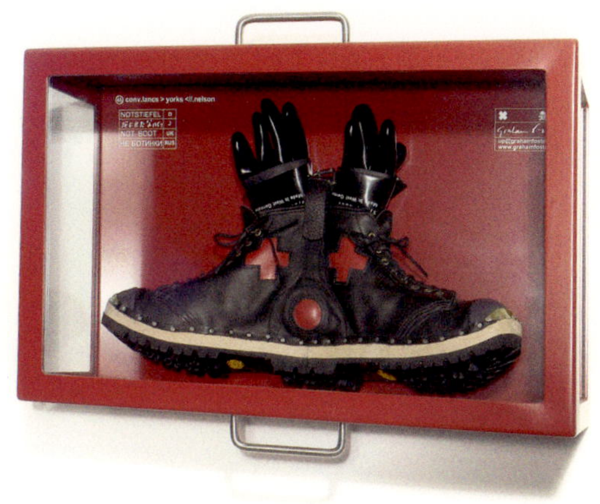

Boot

64 cm x 40 cm x 23 cm

English size 10, leather uppers, wooden base, commando rubber sole, sprayed red aluminium case, glass front/sides, stainless grab handles

2005

Look into my eyes, look into my eyes

220 cm x 220 cm

Leather, polyester, wood, rubber, plastic tubing

2006

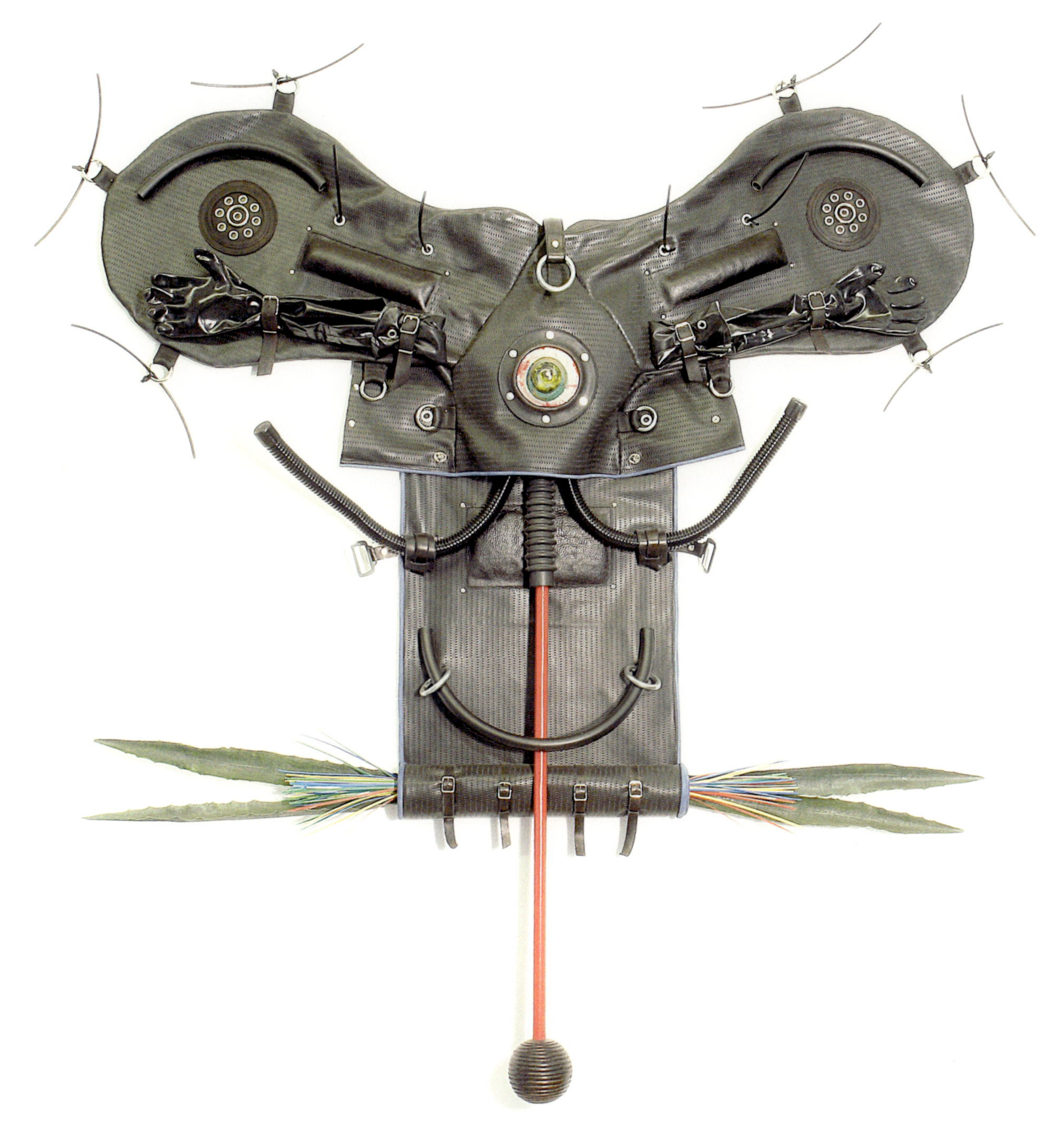

Eradicate, procreate, ruminate

240 cm x 170 cm

Yew, African black wood, leather, rubber, hand made boots, synthetic hair, additional materials

2006

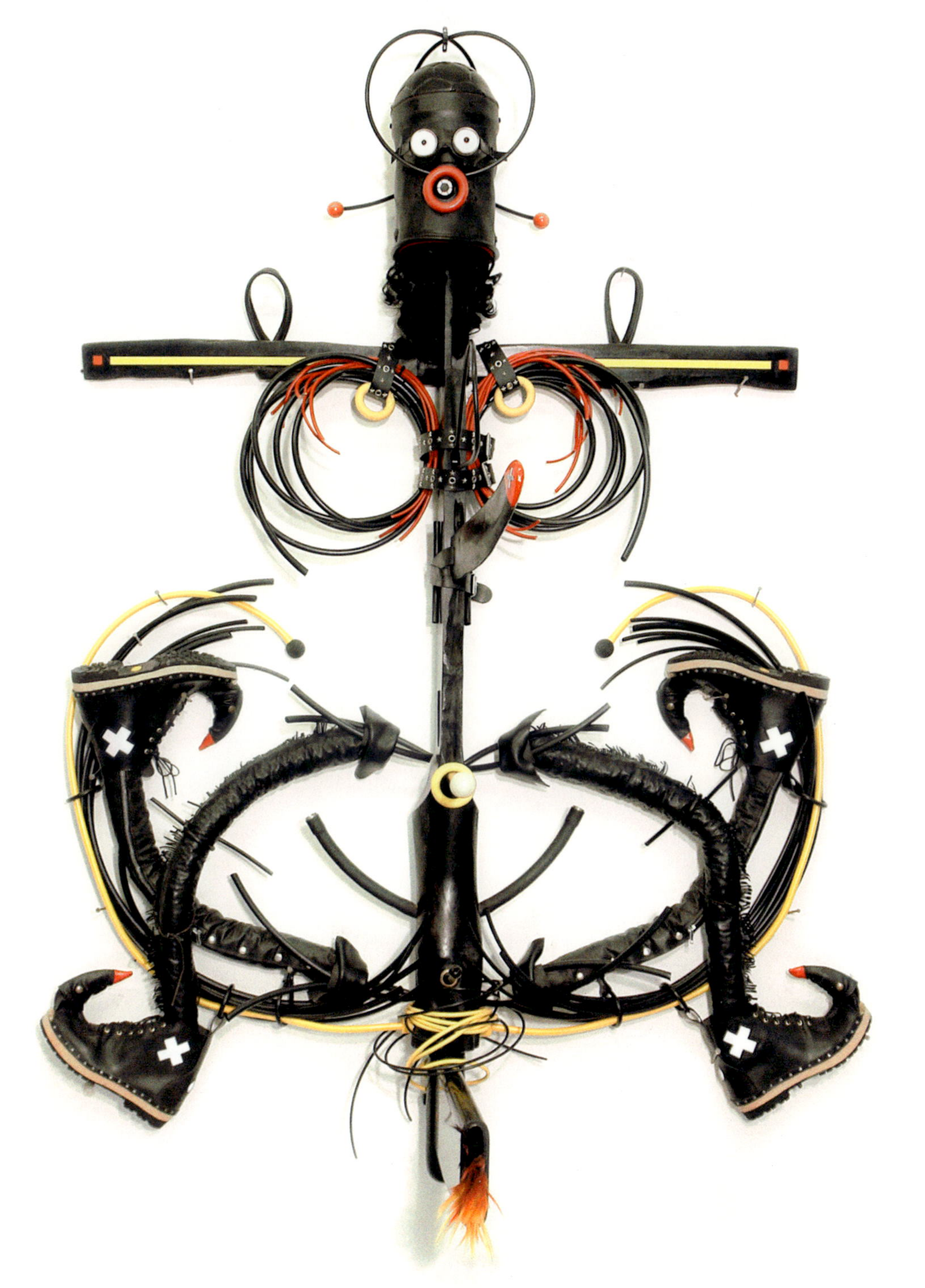

We come to Liberifry you

200 cm x 200 cm

Leather, polyester, carved wood, alabaster, plastic tubing, chameleon paint

2006

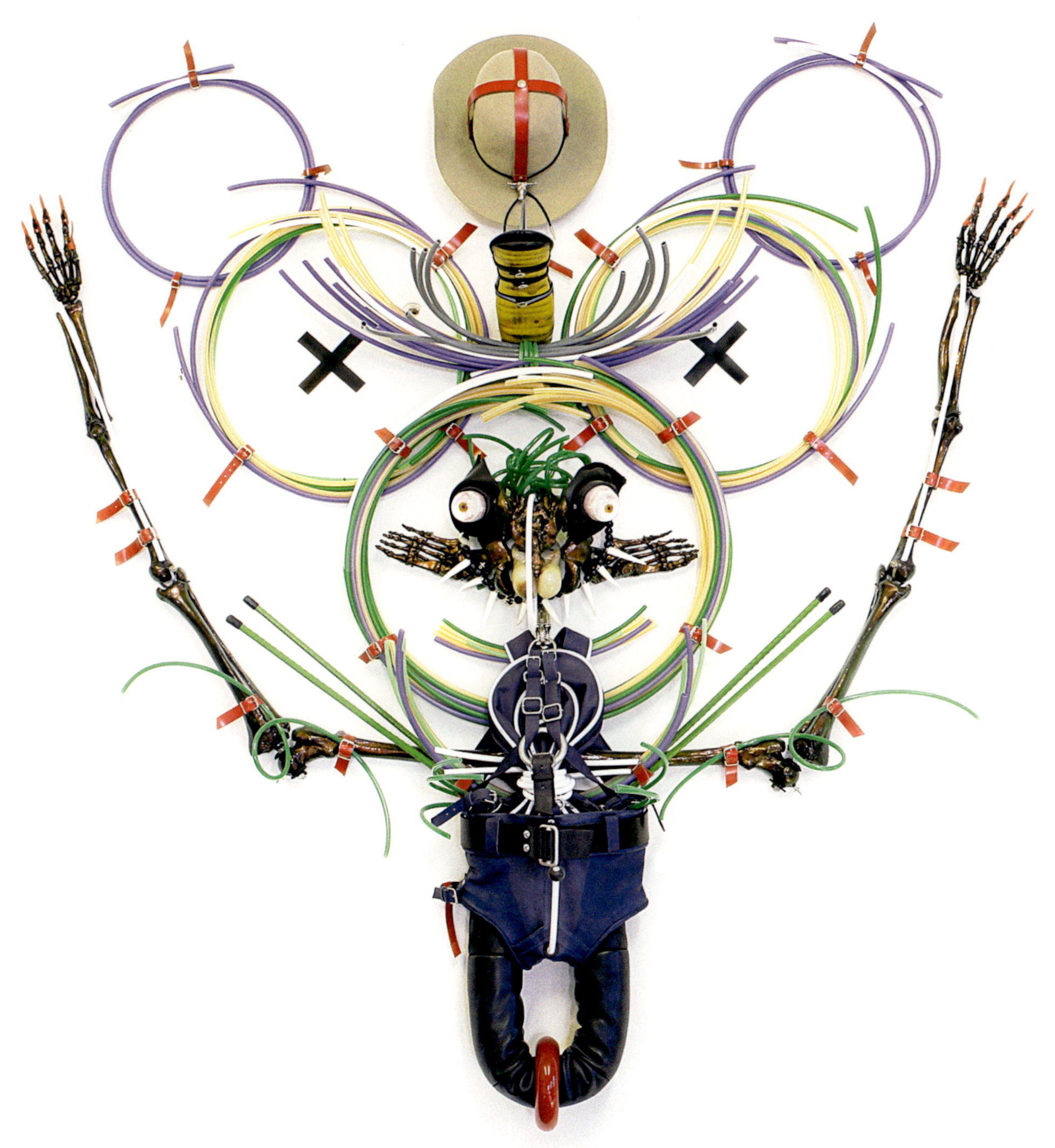

We want Petauridification

220 cm x 155 cm

Polyester, glass, yew, plastic tubing, rubber

2005

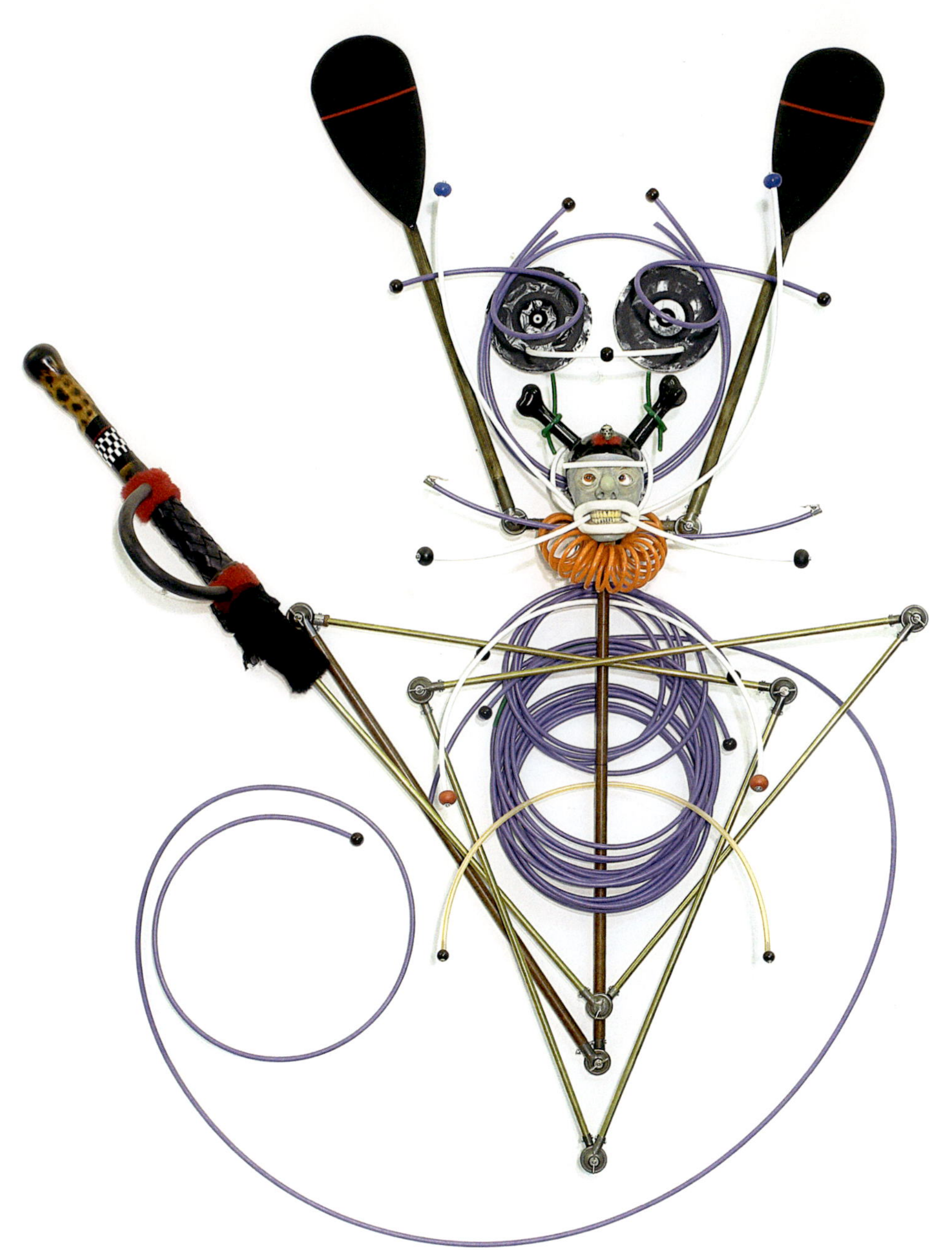

Alpha Blinder, Beta Brötchen

220 cm x 148 cm

Leather, polyester, plexiglass, synthetic hair, felt, additional materials

2005

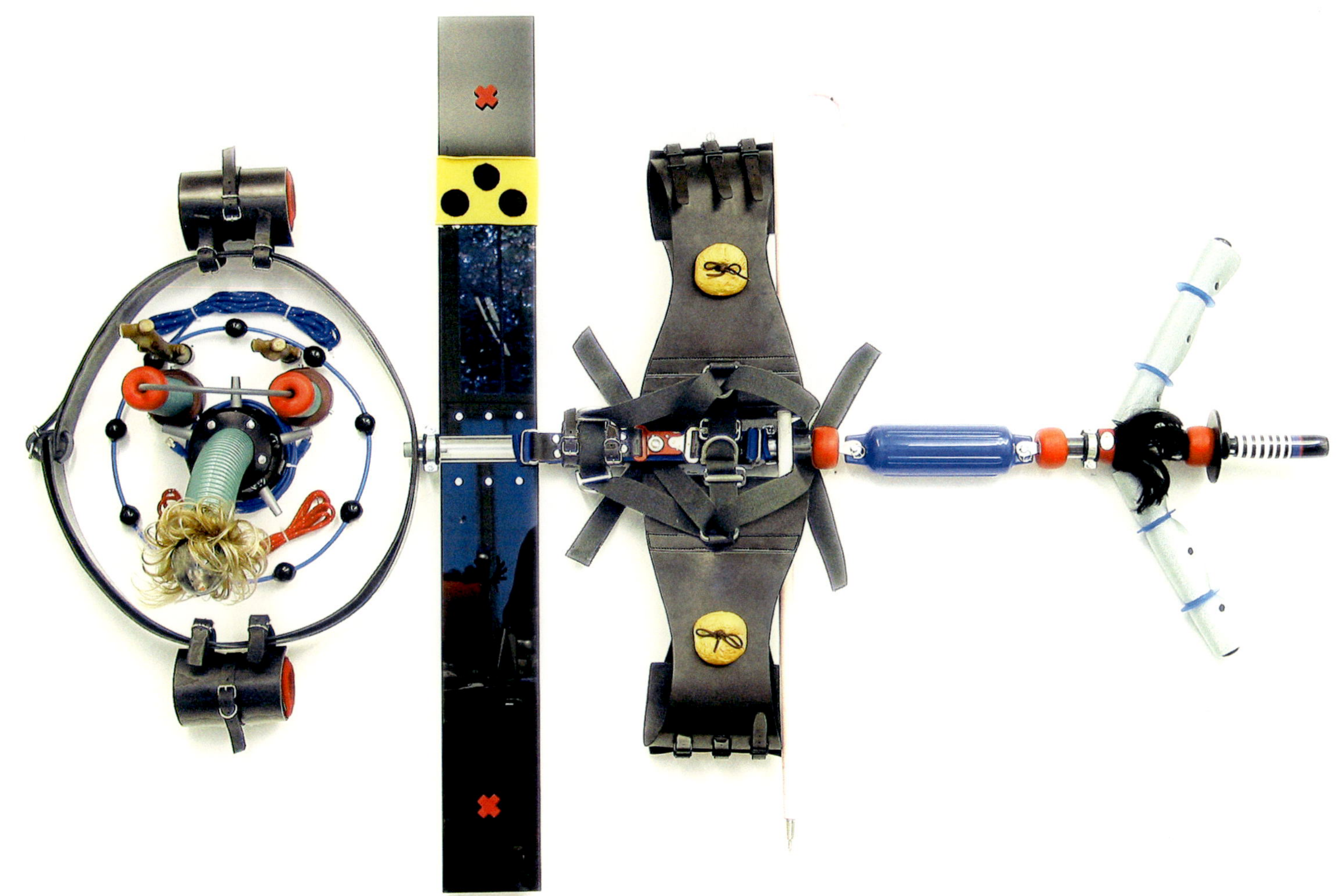

They travelled forever

225 cm x 153 cm

Lygnum vitae, polyester, bamboo, hand made brush, additional materials

2002 - 2003

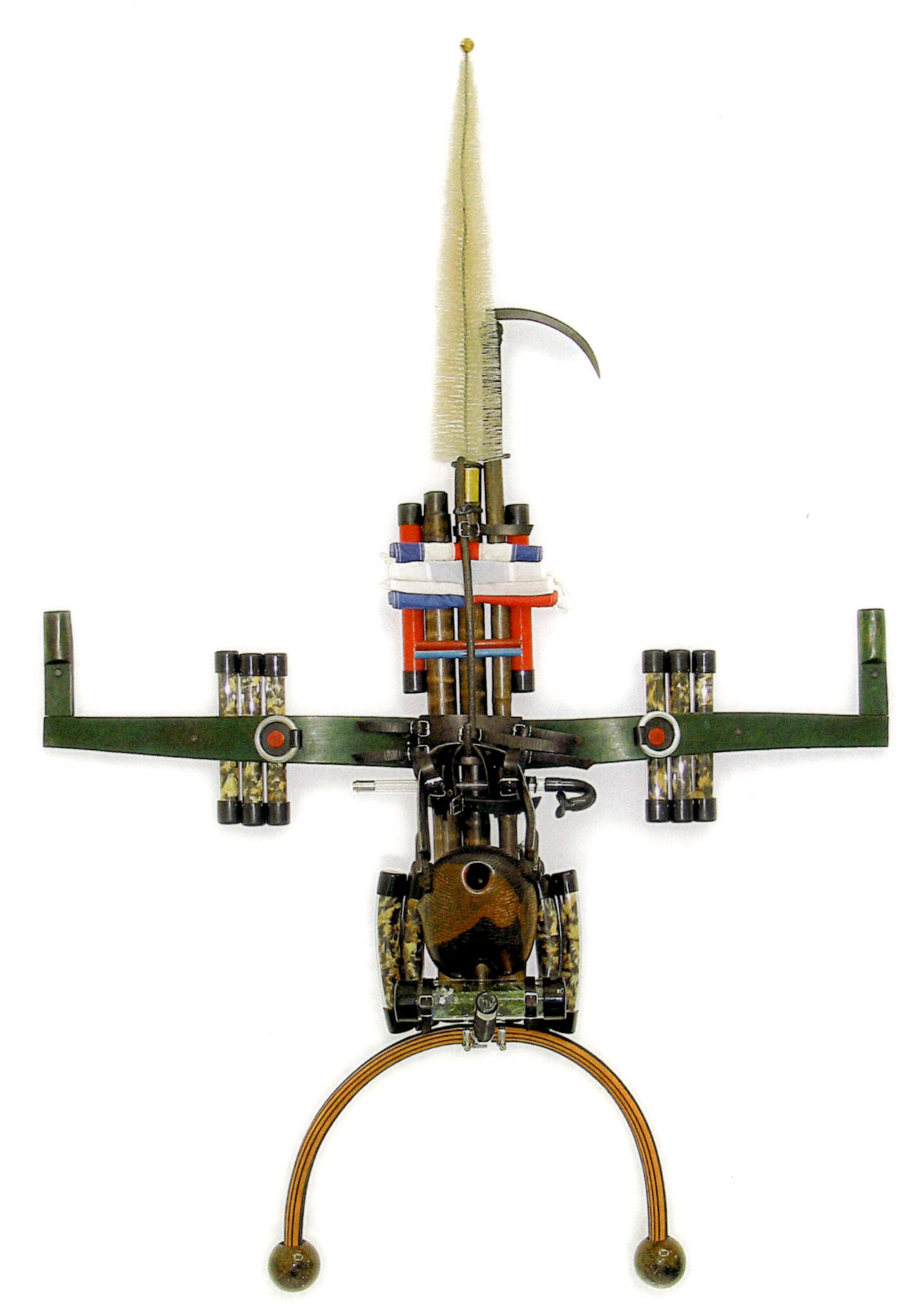

Dorsal extension, feat Notstiefel

200 cm x 275 cm

Lygnum vitae, leather, polyester, plastic baubles, hand made boot, additional materials

2004 - 2005

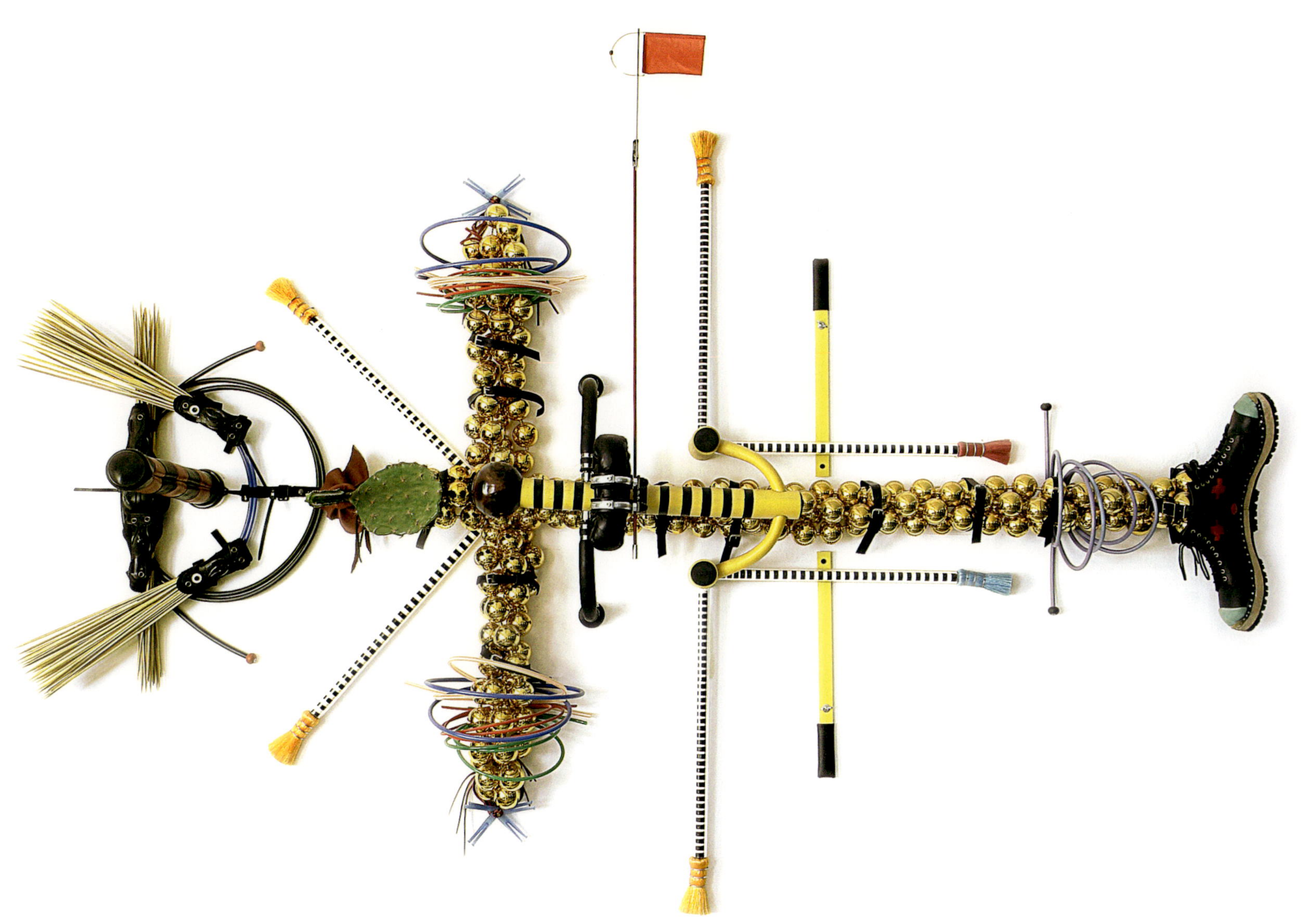

Bolonial Colonial

220 cm x 160 cm

Leather, polyester, plexiglass, synthetic hair, additional materials

2005

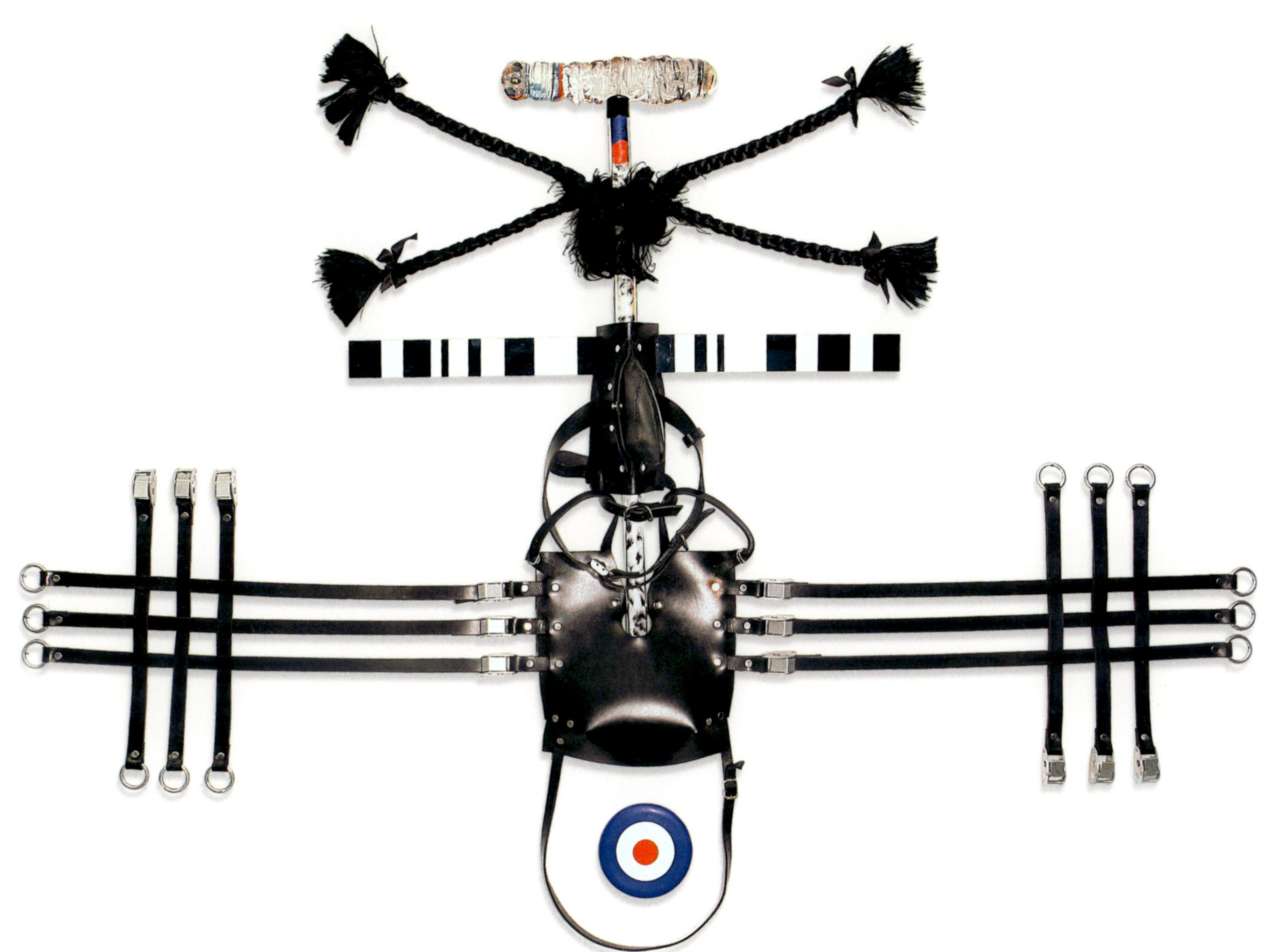

Serious business/humorous consequences, Sir

225 cm x 120 cm

Leather, polyester, rubber, synthetic hair, additional materials

2005

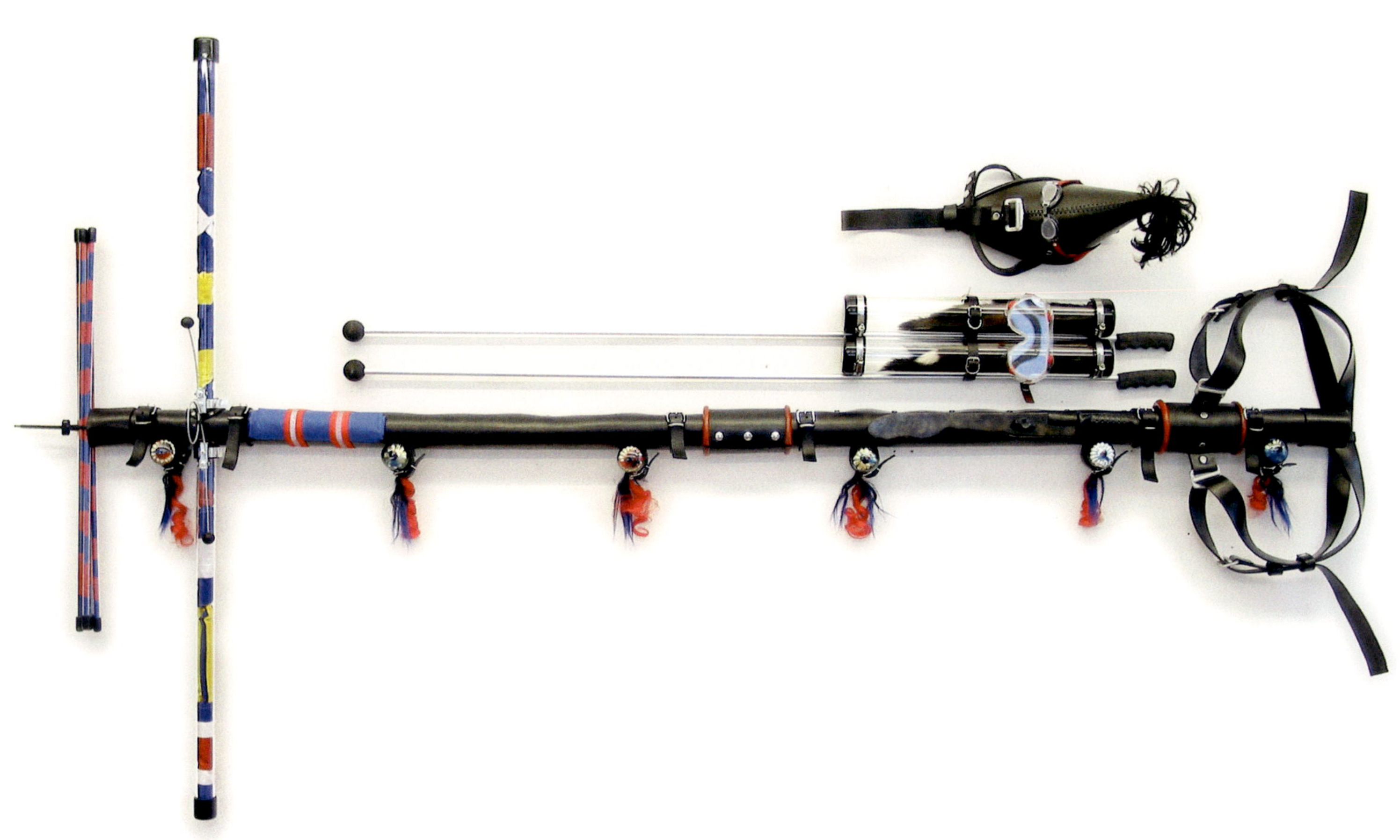

Nature of the beast (a practical solution)

225 cm x 153 cm

Yew, leather, rubber, papier maché, mother of pearl, polyester

1998

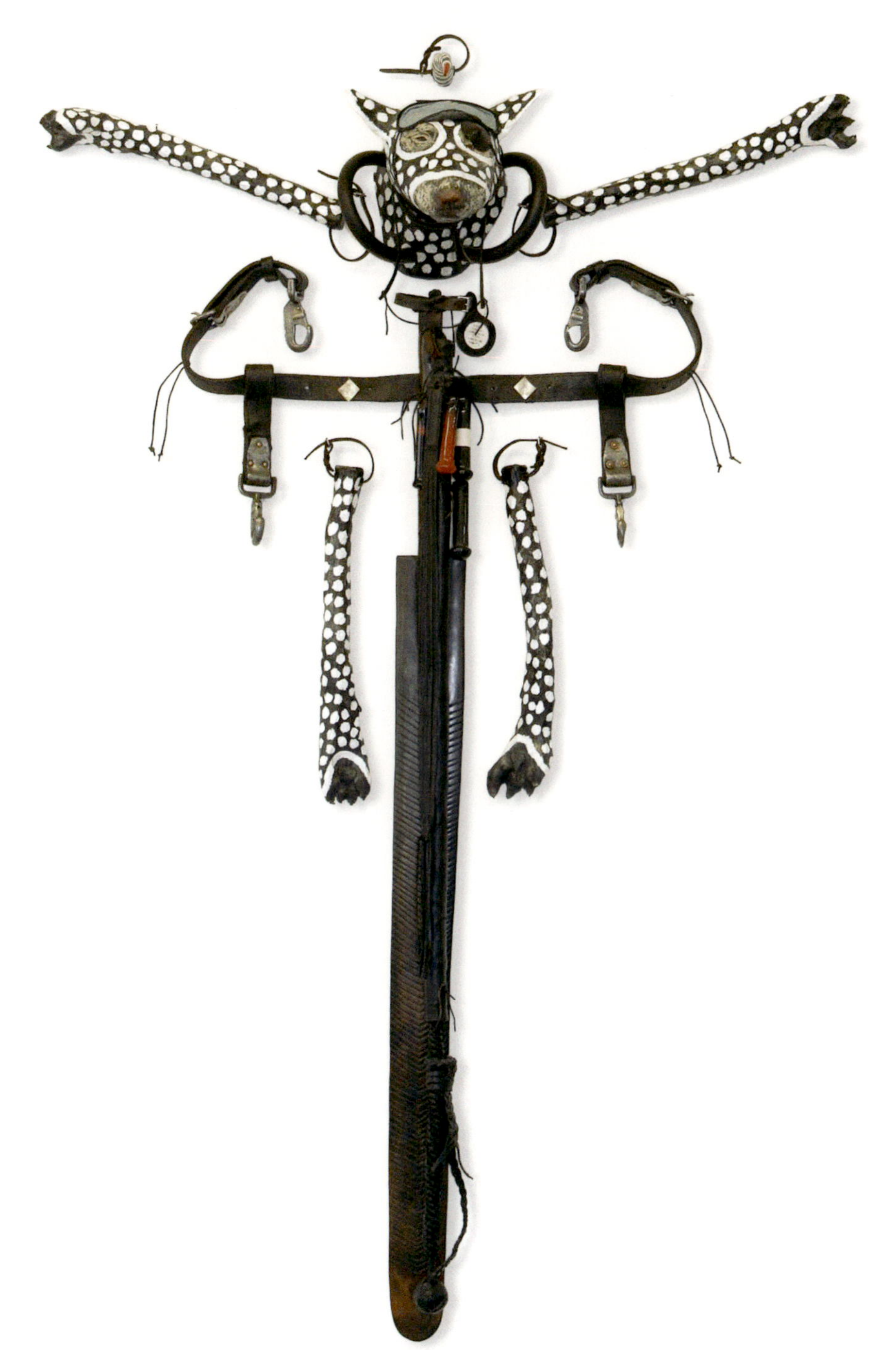

Colonial Bolonial

160 cm x 175 cm

Leather, polyester, goat hair brush, synthetic hair, additional materials

2005

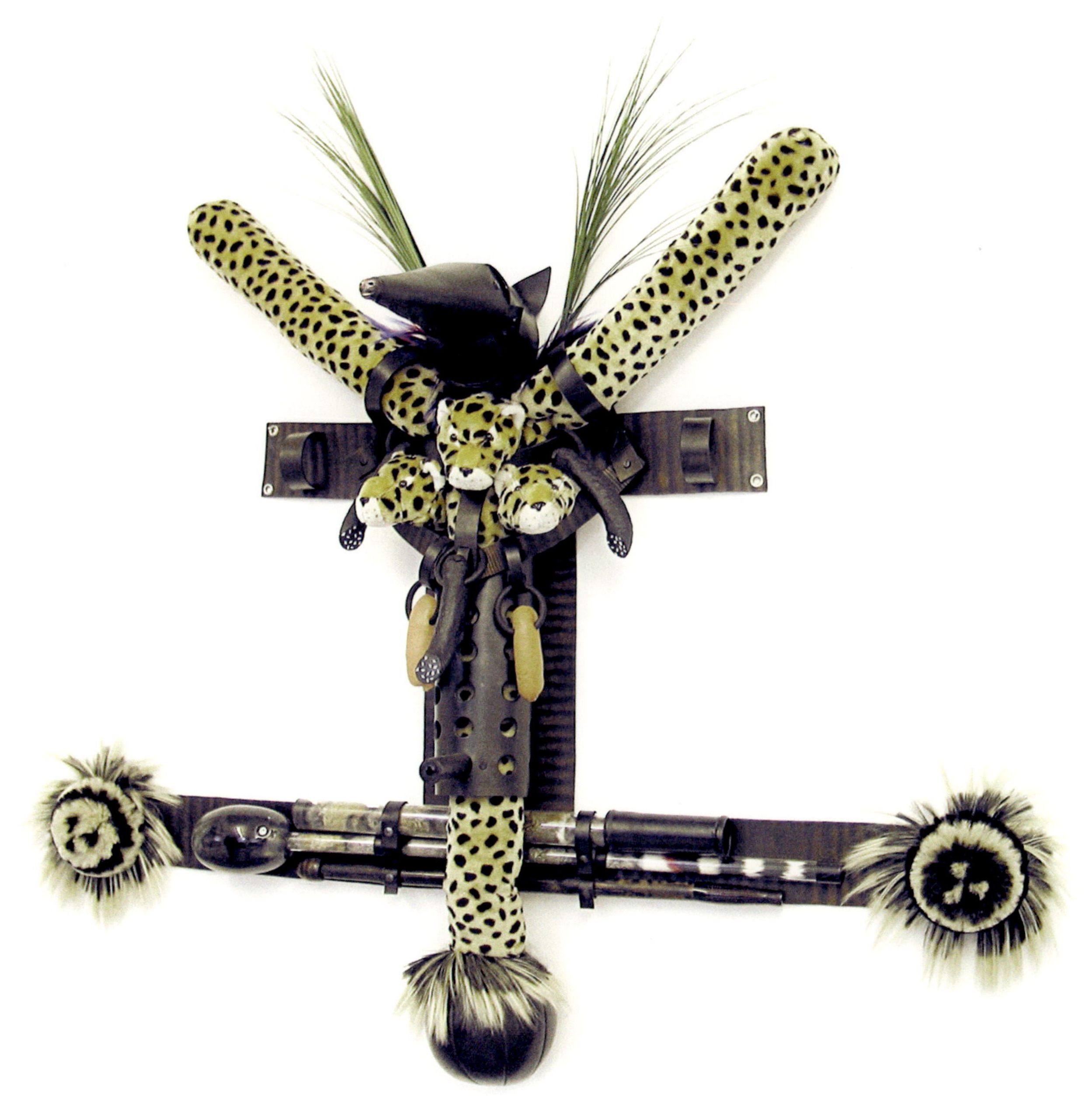

Moving with elegance/Chewing for pleasure

153 cm x 225 cm

Antlers, polyester, ostrich eggs, yew, papier maché, bamboo, handmade brush, additional materials

2002 -2003

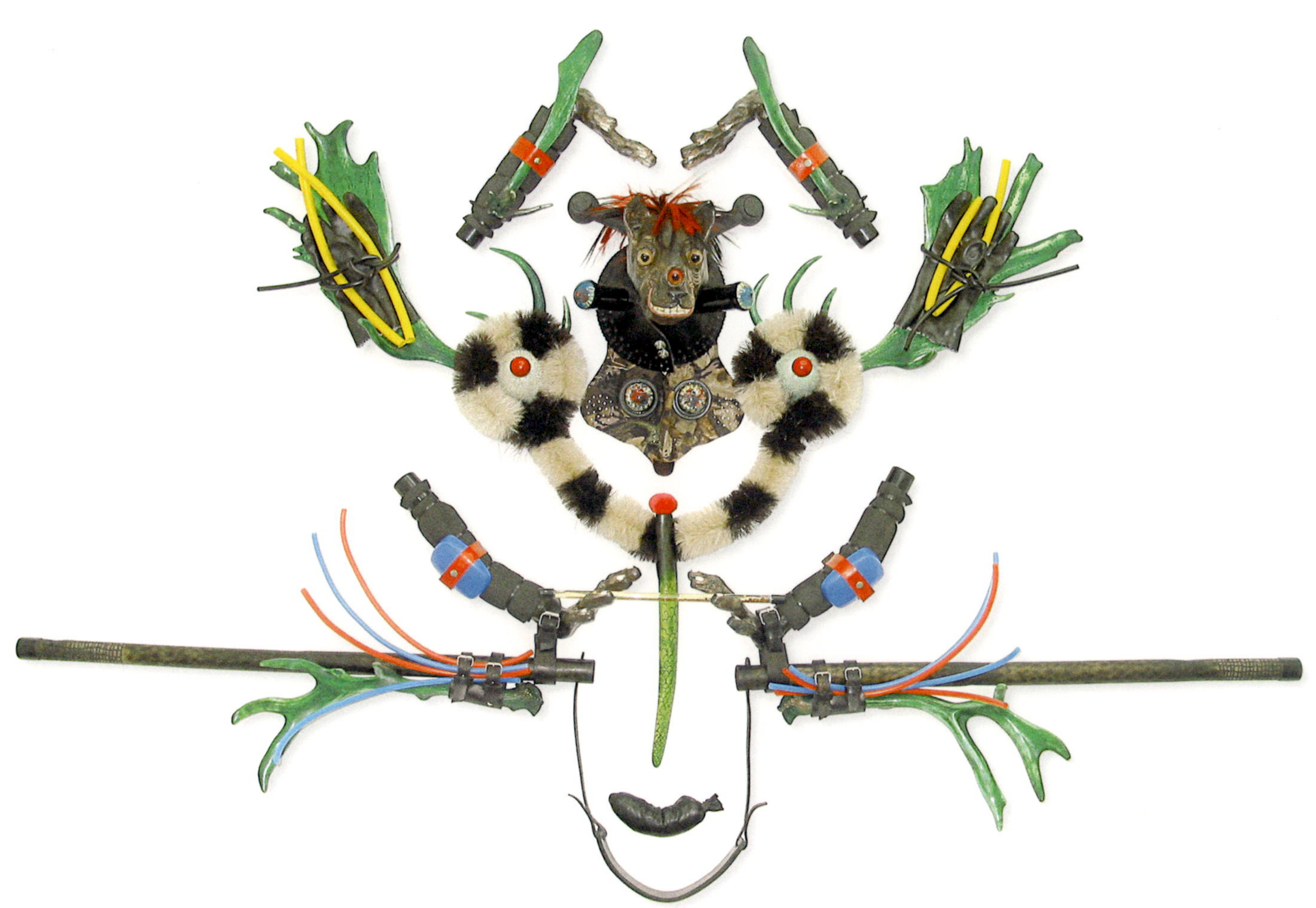

FH/K

160 cm Ø

Polyester, leather, synthetic hair, additional materials

2003

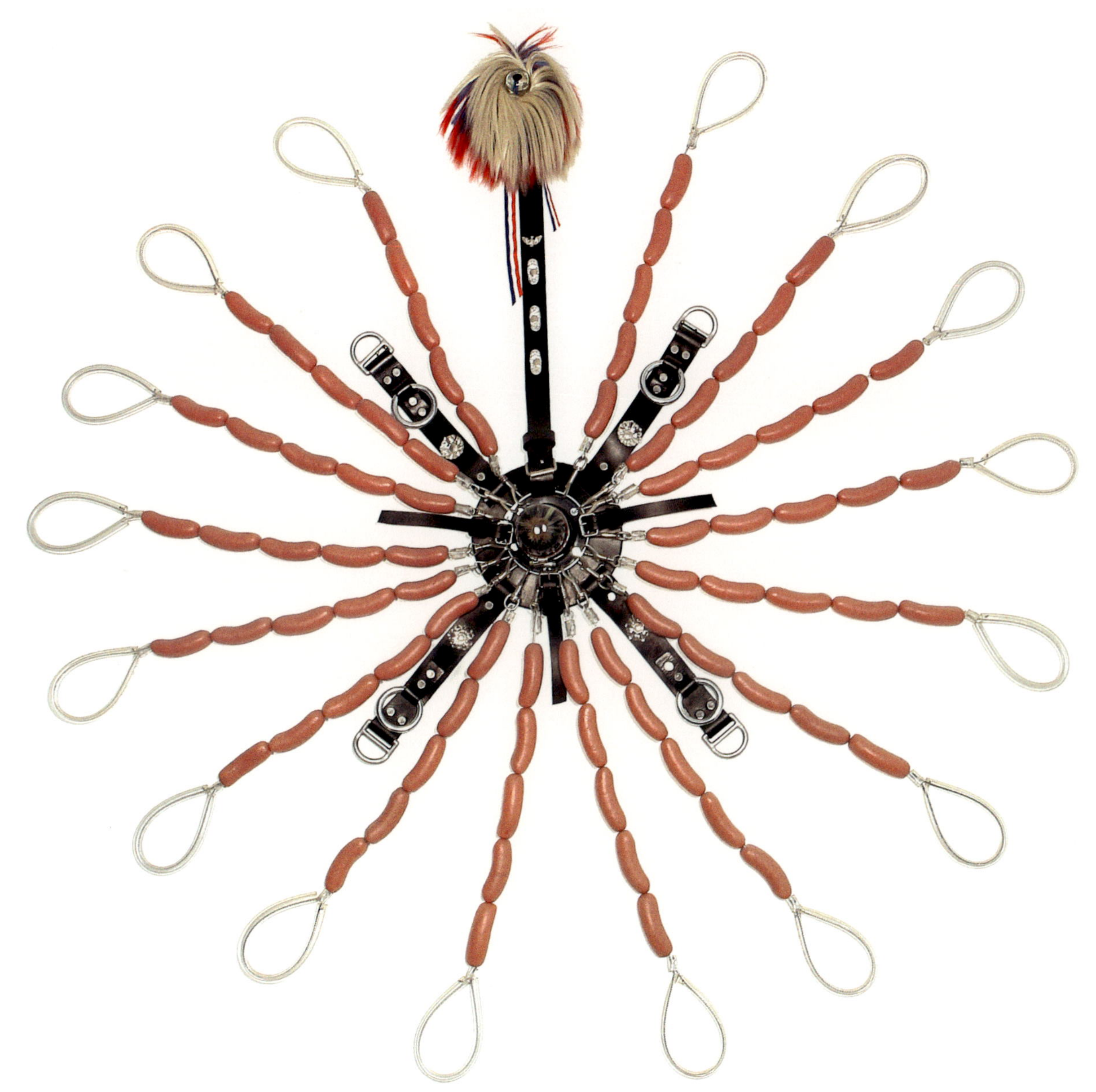

Capt. Morgan and the shirt flappers of Thebes

240 cm x 210 cm

Yew, carr oak, graphite, papier maché, additional materials

1998 - 1999

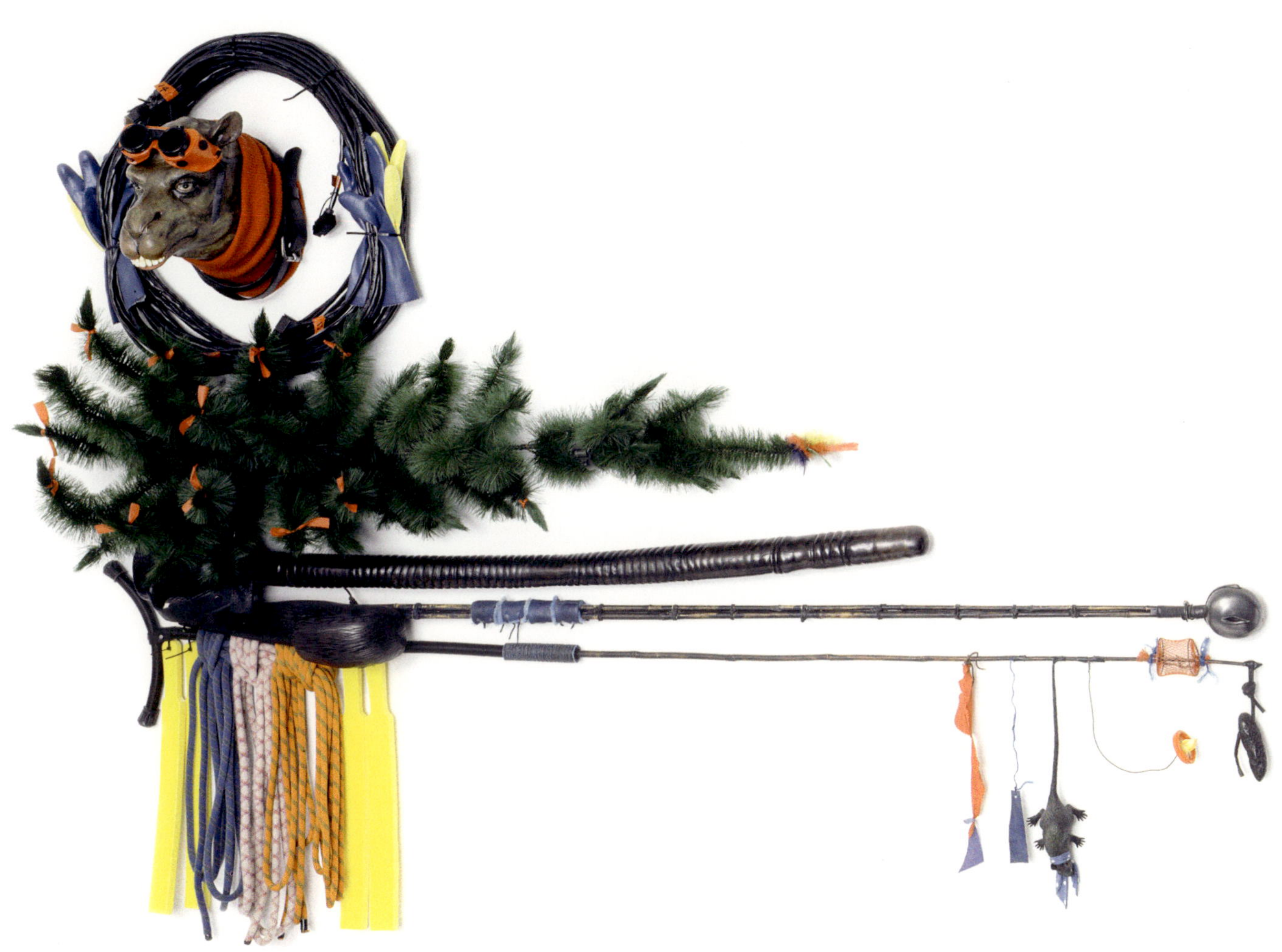

Serious McConsequences

265 cm x 150 cm

Yew, carr oak, marble, rubber, bamboo, Royal Stuart scarf, additional materials

1999

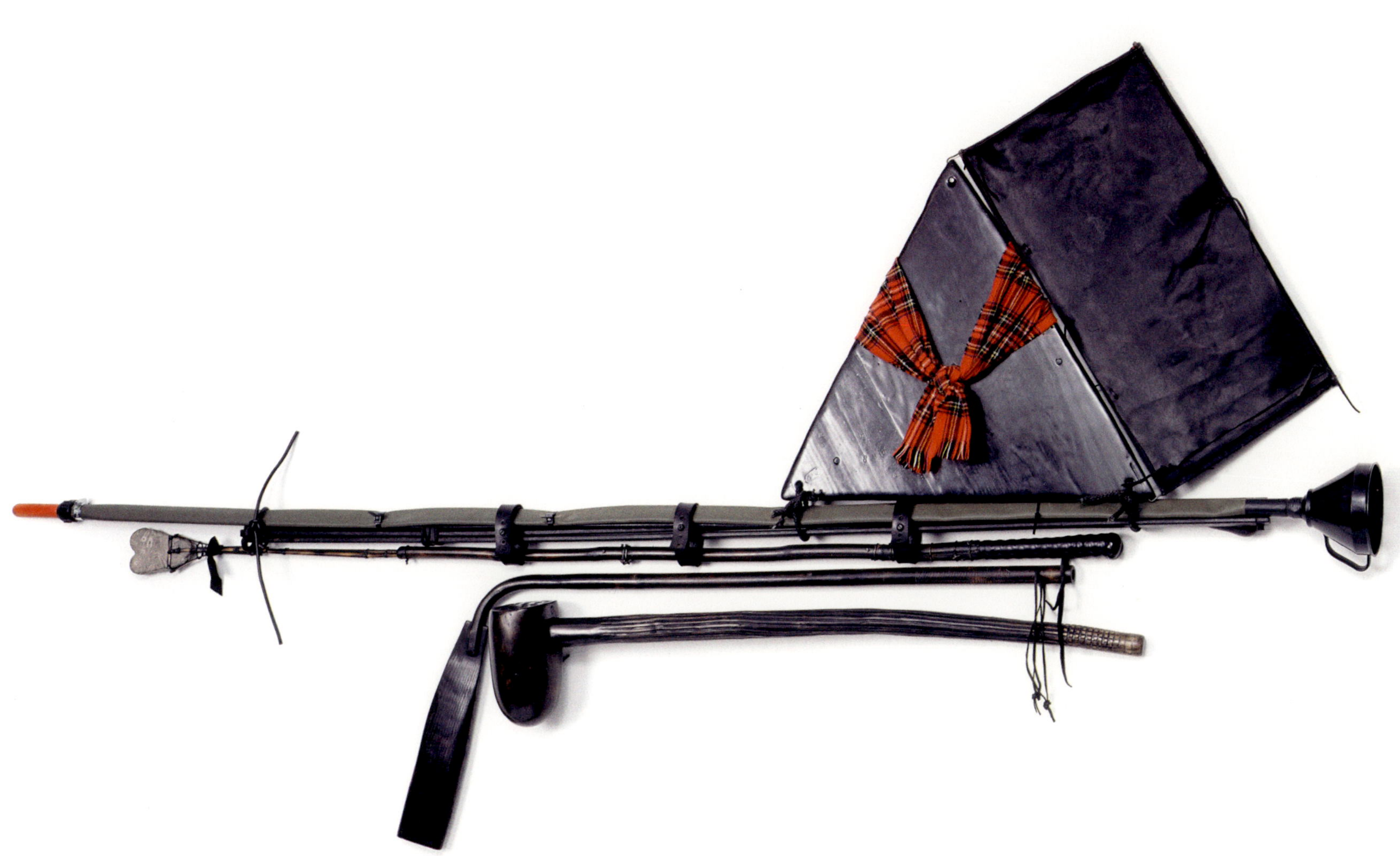

The cod that makes you cry/The breath that bleeds you dry

200 cm x 200 cm

Marble, slate, leather, polyester, aluminium rod, additional materials

1998 - 1999

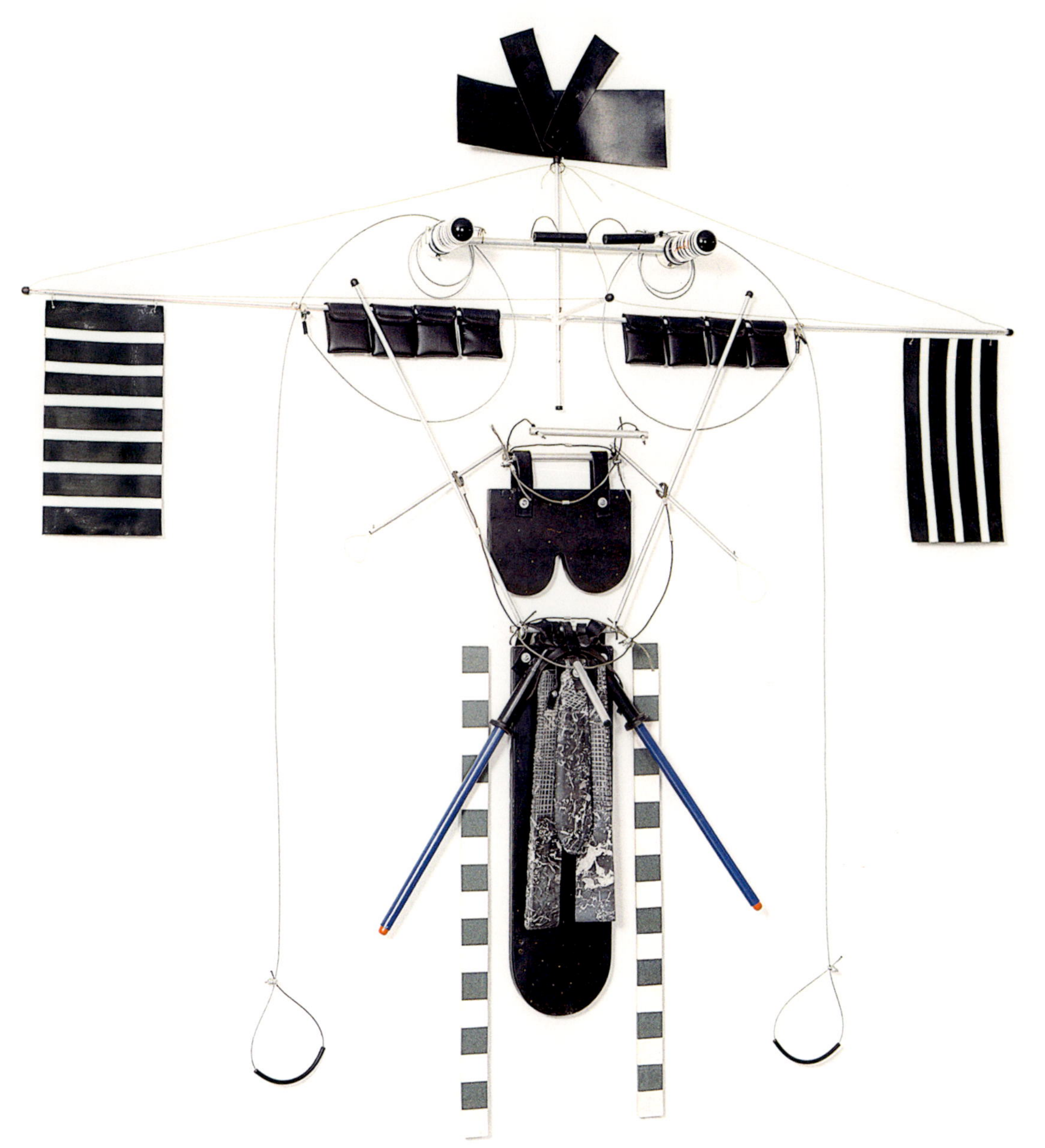

Biography

Graham Foster

1950	Born Yorkshire, GB
1954-1958	Lived in Australia
1968-1970	Bradford College of Art, GB
1970-1973	Leeds Polytechnic, BA Honours 1st - Sculpture
1973-1976	Royal College of Art, London MA RCA, GB
1975	RCA Travelling Scholarship
1976-1978	Lived in Sydney, Australia
1979-1998	Lived in North Yorkshire, GB
1979	Yorkshire Arts Association Award
1981	Yorkshire Arts Association Award
1977-1988	Taught on Art Academy BA courses, at Sydney College of the Arts, AUS
	Taught on Stourbridge College of Art and Leeds Polytechnic, GB
1977-1989	Guest Lecture at Preston Polytechnic, and Hull College of Art, GB
1995	British Council Award
1998-	Lives in Cologne, D

Solo Exhibitions (A choice)

2007	Stadtmuseum, Siegburg, D	Sculpture/Drawings
2007	Museum van Bommel van Dam, Venlo, NL	Sculpture/Drawings
2005	Exit Art 'Sideshow', Cologne, D	Sculpture/Drawings
2003	Kunstraum Chelsea Two, Cologne, D	Sculpture/Drawings
2002	TVFA, Cologne, D	Sculpture/Drawings
1998	Exit Art, Cologne, D	Sculpture
1998	Ifficial Art, Cologne, D	Painting
1997	Hernandez Gallery, Houston, Texas, USA	Drawings/Etching
1996	Hernandez Gallery Houston, Texas, USA	Drawings/Etching
1994	Ifficial Art, Cologne. D	Painting/Drawings
1992	BBK, Cologne, D	Sculpture
1991	The Minories Gallery, Colchester, GB	Sculpture/Painting
1990	Art League of Houston, Texas, USA	Sculpture/Painting
1988-1989	Dean Clough gallery, Halifax, GB	Sculpture/Painting
1988	Gallery North, Leeds, GB	Sculpture/Painting
1986	St. Paul's Gallery, Leeds, GB	Sculpture/Painting
1978	Leeds City Gallery, GB	Sculpture
1978	Cartwright Hall Gallery, Bradford, GB	Sculpture

Group Exhibitions (A choice)

2005	Köln Kunst in Kunststation Kleinsassen, D	Sculpture
2004	Internacional de Arte Digital, Cuba, C	Drawings
2002	Schmerzschatten, Cologne, D	Drawings
2000	Exit Art, Cologne, D	Sculpture
1999	Gallery Seidel, Cologne, D	Sculpture
1998	Köln Kunst 5, D	Sculpture
1994	Lederwerks, Cologne, D	Etching
1989	England & Co. London, GB	Etching/Drawings
1988	Gallery North, Leeds, GB	Sculpture
1986	Leeds Polytechnic Gallery, GB	Painting
1985	Leeds Polytechnic Gallery, GB	Sculpture
1983	Rochdale - New Art, GB	Sculpture/Painting
1981	Graffiti Gallery, London - Miniatures, GB	Etching
1981	Midland Group - New Sculpture, Nottingham, GB	Sculpture
1980	Graffiti Gallery, London - Miniatures, GB	Etching
1977	Stradia Graphics, Sydney, AUS	Etching
1976	57 Gallery, Edinburgh, GB	Sculpture
1975	The Commonwealth Inst. London, GB	Painting
1975	The New Contemporaries, London, GB	Painting
1973	The Medici Gallery, London, GB	Etching
1972	Northern Young Contemporaries, GB	Painting

Collections (A choice)

Arts Council of Great Britain, GB

Leeds City art Loans, GB

Yorkshire Arts, GB

Dean Clough Arts Foundation, GB

J.P. Görgens GmbH, D

Private collections in Australia, Cuba, Germany, The Netherlands, Great Britain, Russia and United States of America

Out there hiding everywhere
Sculpture and drawings by Graham Foster

January 19th till March 18th 2007
Museum van Bommel van Dam, Venlo, NL

November 10th 2007 till January 5th 2008
Stadtmuseum, Siegburg, D

Exhibition

Preparation and organisation
Rick Vercauteren and Graham Foster

Publication

Editor and author
Rick Vercauteren

Translation
Paul Graetz, Amsterdam, NL
(Text Rick Vercauteren Dutch/English)
Thomas Hauth, Maasbree, NL
(Text Rick Vercauteren Dutch/German)

Photography
Graham Foster, Cologne, D

Graphic design
George van Uden BNO, Vught, NL

US Distribution
D.A.P. Distributed Art Publishers Inc.
155 Sixth Avenue/2nd Floor
New York, N.Y. 10013.1507
USA

Printing and distribution
Kerber Verlag, Bielefeld/Leipzig, D

We would like to thank
Dr. Wibke von Bonin, Cologne, D
Dr. Gert Fisher, Siegburg, D
Christof Kerber, Bielefeld, D
Ulrike Apel, Cologne, D
Andy Lim, Cologne, D
Andrew Martyn, London, GB
Ann Rushworth, London, GB

Wim Aerdts, Jacqueline Boonen, Guus Brand, Thessa den Hartog,
Louis van den Heuvel, Paul Hermans, Ingrid Kentgens,
Peter Kerkhoff, Ted Lamée, Ulco Mes, Alan Roberts,
Louke and Lilliane Timmermans, Venlo, NL

This publication was made possible with the support from the
municipality of Venlo and the municipality of Siegburg

© 2007 Museum van Bommel van Dam, Venlo, NL and
Stadtmuseum Siegburg, D and Kerber Verlag, Bielefeld/Leipzig, D

ISBN 978-3-86678-053-8

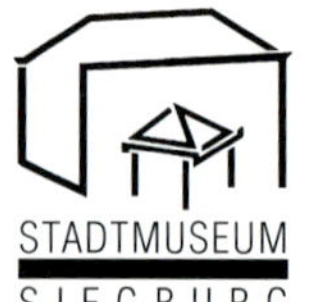
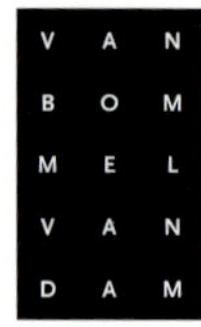